MORGUE SOKAĞI CİNAYETİ

DÜNYA EDEBİYATINDAN SEÇME ÖYKÜLER

MORGUE SOKAĞI CİNAYETİ
EDGAR ALLAN POE

İngilizce çeviren: Mehmet Can Uğur
3. Basım: Ağustos 2018, © Cem Yayınevi
ISBN 13: 978-605-7995-05-6

Sayfa Düzeni: Bülent Eryılmaz
Kapak: Duygu Kocabaş Atılgan
Baskı: Enki Matbaacılık
Tuna Mah. Sanat Cad. no.4/1
Bornova / İzmir
Tel: +90 232 457 46 44
Matbaa Sertifika No: 35787

CEM YAYINEVİ
Eğitim Mah. Mehmet Akif Ersoy sk. No:11/1
Balçova /İzmir
Tel: 0232 278 44 22 - 0232 278 47 35
Faks: 0232 278 52 12
www.cemyayinevi.com
cemyayinevizm@gmail.com
info@cemyayinevi.com
Yayıncı Sertifika No: 40513

EDGAR ALLAN POE

Morgue Sokağı Cinayeti

(Polisiye Öyküler)

Türkçesi: Mehmet Can Uğur

cem yayınevi

7
Morgue Sokağı Cinayeti
51
Marie Rogêt Gizemi
109
Çalınan Mektup
133
Sensin O Kişi

Morgue Sokağı Cinayeti

Sirenler hangi şarkıyı söylemişti? Veya Aşil kadınların arasında saklanırken hangi takma adı kullanmıştı? Bunlar her ne kadar zor sorular olsalar da, bilinemez değiller.

Sör Thomas Broume

Analitik olarak değerlendirdiğimiz pek çok eylem, aslında içinde analiz barındırmaz. Onları yalnızca ortaya çıkardıkları etki açısından böyle değerlendiririz. Ayrıca şu da bilinmektedir ki, bu eylemler uygulayıcıları için, özellikle de uygulayıcılar analitik yetiye sahipseler, büyük bir zevk kaynağı haline gelir. Nasıl ki güçlü biri, kaslarını kullanmasına olanak veren fiziksel eylemden zevk alırsa, analitik yetiye sahip kişiler de yeteneklerinin ortaya çıkmasına aracı olan eylemlerden büyük keyif alır. Bu kişiler, yeteneklerini kullanmasına aracı olan en basit eylemlerden bile zevk alırlar. Bilmeceler, kelime oyunları, şifreli yazılardan çok hoşlanırlar ve bu tip şeyleri çözerken sergiledikleri zekâları, sıradan insanlar tarafından, olağanüstü olarak nitelenir. Analitik yöntemlerle varılan sonuçlarda, aslında sezgisel bir hava vardır.

Çözüm büyük olasılıkla matematiksel işlem, daha doğrusu, geriye dönük hesaplamalar içerdiğinden, durum abartılarak matematiğin en yüksek dalı olarak adlandırılan analizi içerdiği düşünülür. Ancak hesap yapmak, analiz etmek demek değildir. Örneğin bir satranç oyuncusu, bu iki eylemden ancak birini uygular. Buradan da satrancın, zihinsel etkileri göz önüne alındığında, oldukça yanlış anlaşılmış bir oyun olduğu sonucu çıkıyor. Burada bir deneme yazmaktan ziyade konuyla ilgili gözlemlerimi gelişigüzel şekilde aktarmakta olduğumdan, pek üzerinde durulmayan damanın, gereksiz karmaşıklıklarla donatılmış satranca kıyasla zihinsel yetileri çok daha fazla uyardığını ve kullandığını belirteyim. Satrançta birbirinden değişik, ilginç hareketlere sahip, farklı değerlerde çeşitli taşlar bulunur ve bu karmaşıklık, ki bu hata pek sık yapılır, derinlikle karıştırılır. Satrançtaki önemli etken dikkattir. Bir anlık dikkatsizlik, taş verme ya da oyunu kaybetmeyle sonuçlanacak bir hata demektir. Olası hamlelerin çok çeşitli ve karmaşık olmasıysa anlık bir dikkatsizlik olasılığını arttırır; zaten on oyundan dokuzunda oyunu daha zeki olan değil, daha dikkatli olan kazanır. Damadaysa aksine, hamleler tektiptir ve fazla karışıklık barındırmaz, dikkat etkeni daha geri plandadır ve aklını daha iyi kullanan kişi oyunda başarı sağlar. Daha somut bir örnek vermek gerekirse, yalnız dört taşın kaldığı, yani dikkatsizlik etkeninin olmadığı bir dama oyunu düşünelim. Bu durumda, eğer oyuncuların dereceleri eşitse, galibiyet ancak akıl yürütülmeyle bulunabilecek özgün bir hamleyle mümkün olabilir. Başka çaresi kalmayan analizci, rakibinin ruhuna girer, onun kimliğine bürünür ve gülünç derecede basit olsalar da önceden göremediği, aceleyle veya yanlış hesapla içine düşebileceği hataları fark eder.

Whistin hesaplamaya dayanan bir oyun olduğu söylenir ve pek çok zeki kişi satrancı anlamsız bulurken whist oynamaktan büyük keyif alır. Şüphesiz, whist kadar zihni analize yönlendiren başka bir oyun yoktur. Hıristiyan dünyasının en iyi satranç oyuncusu, iyi bir satranç oyuncusu olmaktan çok da ileriye gitmez, ancak whistte ustalık, zihnin zihne karşı mücadele ettiği diğer alanlarda da başarı sağlamak demektir. Oyunda ustalıktan bahsederken, kurallar dahilinde avantaj sağlamak için mümkün yolları kavramış olmaktan söz ediyorum. Bir değil birçok yol vardır ve bunları değerlendirmek için kişi, zihnini olağan fonksiyonun dışında çalıştırmalıdır. Dikkatli gözlem iyi hatırlamayı da barındırdığından, konsantrasyonu iyi bir satranç oyunsu, whistte de başarı sağlayacaktır. Oyunun genel işleyişini anlatan Hoyle Kuralları hem yeterli, hem de kavraması kolay kurallardır. Yani, iyi bir hafızaya sahip olmak ve "kitabına göre oynamak" iyi bir oyuncu olabilmek için yeterlidir. Analistin yetenekleriyse, bu bilindik kuralların ötesine geçildiğinde kendini belli edecektir. Kişi, sessizce çeşitli gözlemler yapar ve çıkarımlarda bulunur. Belki oyun arkadaşları da benzer gözlem ve çıkarımlarda bulunur, ancak edinilen bilginin önemi, varılan sonucun doğruluğuna değil, gözlemin kalitesine bağlıdır. Asıl bilinmesi gereken, neyin gözlemlenmesi gerektiğidir. Oyuncu, amacı oyunu kazanmak olsa da, gözlemini yalnız oyunuyla sınırlamaz, oyun dışı etkenleri gözlemlemeyi dışlamaz. Ortağının yüz ifadesini inceler ve bunu rakiplerininkilerle kıyaslar. Her el, rakibinin kartlarını nasıl sınıflandırdığına dikkat eder, rakibinde kaç tane resimli, kaç yüksek kart olduğunu kestirmeye çalışır.

oyun ilerledikçe her türlü yüz ifadesini takip eder ve güven, şaşkınlık, sevinç ve hayal kırıklığı ifadelerini birbirinden ayırır hale gelir. Kartların alınma şeklinden kendisine yarayacak kartların alınıp alınmadığını tahmin eder. Kartın masaya atılış biçiminden bunun bir aldatmaca olup olmadığını fark eder. Rastgele veya kazara söylenmiş bir kelime, gizleyeyim derken heyecan ve dikkatsizlikle bir kartın yanlışlıkla düşürülmesi veya çevrilmesi, alınan kartları derecelerine göre dörder dörder kümelerken gözlenen sıkıntı, tereddüt, sabırsızlık ve heyecan... Tüm bunlar, keskin, sezgisel gözlem gücüyle algılanır ve oyunun içyüzüne dair oyuncuya fikir verir. Analiz yapan oyuncu, oyunun başlamasından birkaç el sonra karşı tarafın elinde ne olduğunu tamamen anlamıştır ve sonrasında kartlarını, sanki diğer oyuncuların kartları açıkmışçasına mutlak bir kesinlikle oynar.

Analiz yeteneği, sıradan beceriyle karıştırılmamalıdır; her ne kadar analist becerikli biri olsa da, becerikli kişiler genellikle analizde yeteneksizdir. Becerikliliğin kendini görünür kıldığı ve frenoloji uzmanlarının kanımca yanlış olarak ilkel bir unsur olarak görüp farklı bir organdan kaynaklandığını düşündükleri yapıcı ve birleştirici güç, ahlak üzerine yazanların da gözlemlediği üzere, pek çok kez, akıl düzeyi aptallığa yakın kimselerde de kendini göstermiştir. Beceriklilikle analitik yetenek arasındaki fark, fantezi ile hayal gücü arasındaki farktan çok daha büyüktür, ancak bu iki farklı olgunun niteliği oldukça benzerdir. Gerçekten de becerikli kişiler fanteziye yatkındır ve güçlü hayal gücüne sahip kişiler de analistlerden çok farklı tipte insanlar değildir.

Okuyucu, şimdi anlatılacak olan öyküyü yukarıdaki fikirlerin bir yorumuymuş gibi görebilir.

18-- yılı ilkbaharı ve yazının da bir kısmını geçirdiğim Paris'te, C. Auguste Dupin adlı bir beyle tanışmıştım. Bu genç beyefendi seçkin, hatta şanlı bir aileden geliyordu, ancak bazı talihsiz olaylar sonucu öylesine fakirleşmişti ki, artık hayata dair hiçbir ilgisi kalmaz hale gelmiş, dünyayla tüm bağlarını kesmişti; servetini yeniden kazanmayı bile umursamıyordu. Alacaklıların hoşgörüsü sayesinde babadan kalma mirasının ufak bir parçasını elinde tutabilmişti. Buradan sağladığı gelir sayesinde, titiz bir tasarrufla yaşayarak, temel gereksinimlerini karşılayabiliyor, hayatın lüksleriyle de ilgilenmiyordu. Tek lüksü kitaplardı ve Paris'te kitap bulmak çok kolaydı.

İlk karşılaşmamız, Montmartre Caddesi'ndeki, pek gidilmeyen bir kütüphanede gerçekleşti; ikimizin de ender bulunan önemli bir kitabı arıyor olmamız bizi birbirimize yaklaştırmıştı. Sonra da pek çok kez görüştük. Fransızların kendilerinden söz ederken büründüğü içten tavırla ayrıntılı olarak anlattığı aile geçmişi epey ilgimi çekmişti. Ayrıca ne kadar çok kitap okuduğuna şaşırmıştım; ama hepsinden öte, hayal gücünün taze canlılığı ruhumu coşturmuştu. Bazı işleri halletmek için Paris'te kalacağıma göre, böyle birinin arkadaşlığı benim için hazine değerinde olurdu. Duygularımı kendisiyle paylaştım ve sonunda, kentte kaldığım süre boyunca beraber yaşamaya karar verdik. Parasal durumum onunkinden daha az sıkıntılı olduğundan, Faubourg St. Germain'in ıssız ve harap bölümünde, zamanın yıprattığı, neredeyse yıkılacak durumda, grotesk, kaynağını araştırmadığımız hurafeler yüzünden terk edilmiş bir köşk kiralamaya ve içini sıradışı karamsarlığımıza uygun olarak döşemeye gücüm yetti.

Buradaki yaşantımız dış dünya tarafından bilinse, bizim deli olduğumuz düşünülürdü; ama kimseye zararı dokunmayan tarz delilerden... Tamamen inzivaya çekilmiştik. Hiçbir ziyaretçi kabul etmiyorduk. İnzivaya çekildiğim yeri eski arkadaşlarımdan bile özenle saklamıştım ve Paris'te Dupin'i tanıyan veya onun tanıdığı kimse kalmayalı da yıllar olmuştu zaten; yani birbirimizden başka, bizden haberdar olan yoktu.

Arkadaşım, geceye, özel bir neden olmaksızın, delicesine (başka hangi kelimeyi kullanabilirim ki?) hayranlık duymaktaydı. Bütün kaprislerine kendimi tamamen teslim ettiğim gibi, yavaşça, onun bu tuhaflığına da kendimi kaptırdım. Kara huzur her zaman bizimle olmaz, ama onu biz de oluşturabiliriz... Sabahın ilk ışıkları ortaya çıkar çıkmaz eski evimizin iri kepenklerini kapatıyor, ağır bir koku yayan, soluk, cılız ışık saçan iki mum yakıyorduk. Bunların yardımıyla, saatimiz gerçek karanlığın gelişini gösterene kadar, kendimizi rüyalara, yazmaya, okumaya, konuşmaya veriyorduk. Ardından kendimizi caddelere atıyor, kol kola, o gün konuşmaya başladığımız konularda konuşmaya devam ediyor, geç saatlere dek uzun uzun dolaşıyor, şehir kalabalığının ışıklarına ve gölgelerine rağmen, sakin gözlemlere dayanan sonsuz zihinsel heyecanlar arıyorduk.

Böylesi durumlarda Dupin'in sergilediği özgün analitik yetenekleri (hayal gücünün zengin oluşundan bunu da tahmin etmiştim zaten) fark edip onun bu yetisine hayran olmamak elde değildi. Analitik yeteneklerini sergilemekten değilse de, kullanmaktan büyük bir zevk aldığı da belli oluyordu; hatta analiz yapmaktan ne kadar keyif aldığını kendisi de söylüyordu. Kısık bir kıkırdamayla, çoğu insanın aslında kendisi için açık bir kitap olduğunu söyleyerek böbürleniyordu. Bu söylediklerinin doğrudan ve şaşırtıcı kanıtlarını bana göstermeyi de alışkanlık edinmişti. Böyle durumlarda davranışları duygusuzlaşıyor ve soyutlaşıyordu, gözleri boş bakıyor ve genelde tenor olan sesi iyice tizleşiyordu; kelimeleri dikkatle seçip tane tane konuşmasa, ağlıyor sanılabilirdi. Onu bu ruh halindeyken gözlemlediğimde eskilerin "ikiye ayrılmış ruh" dedikleri durumu düşünür, hayalimde, biri yaratıcı diğeri analizci iki farklı Dupin canlandırarak vakit geçirirdim.

Bu söylediklerimden gizemli bir öykü anlattığım ya da bir macera kaleme aldığım düşünülmesin. Fransızın tarif ettiğim bu hali, coşkulu ya da belki sağlıksız bir zihnin ürünüydü. Dupin'in o dönemlerdeki davranışlarını aktarmak amacıyla bir örnek vermek çok iyi olacaktır.

Bir gece, Palais Royal dolaylarındaki uzun, pis bir caddede gezinmekteydik. Anlaşılan ikimiz de düşünceliydik ki, on beş dakika boyunca kimse ağzını açıp bir kelime etmemişti. Dupin şu sözlerle sessizliği aniden bozdu:

"Ufak tefek biri olduğu doğru, ayrıca Varyeteler Tiyatrosu'na daha çok yakışır."

"Aynen öyle," diye yanıtladım, farkında olmadan (öylesine dalmıştım ki) ve Dupin'in nasıl olup da aklımdan geçenleri okuduğunu hiç merak etmeden. Bir saniye sonrasında kendimi toparladım, oldukça şaşkın bir durumdaydım.

"Dupin," dedim ciddiyetle. "Anlayamadım. Afallamış durumdayım, duyduklarıma inanamıyorum. Ne düşündüğümü nasıl anlayabildin?" Bunları söyledikten sonra durup kimi düşündüğümü gerçekten bilip bilmediğini anlamaya çalıştım.

"Chantilly'i düşünüyordun..." dedi. "Neden duraksadın ki? Kendi kendine, adamın ufak tefek boyunun tiyatro için uygun olmadığını düşünüyordun."

Gerçekten de düşüncelerimin odağında Chantilly vardı. Adam eskiden St. Denis Caddesi'nde ayakkabı tamirciliği yapıyordu, ama sonradan sahneye çıkma takıntısı başgöstermiş, Crebillon'un *Kserkses* adlı oyununda Kserkses rolünü oynamaya kalkışmış, fakat ağır eleştiriler almıştı.

"Tanrı aşkına!" diye haykırdım. "Düşüncelerimi okumak için nasıl bir yöntem kullandın, tabii ortada bir yöntem varsa?" Gösterdiğimden çok daha fazla şaşırmıştım.

"Manavdı..." diye yanıtladı arkadaşım. "Ayakkabı tamircisinin Kserkses rolünü oynamak için yeterli boyda olmadığını sana manav düşündürtmüştü."

"Manav mı? Beni şaşırtıyorsun, ben manav falan tanımıyorum."

"On beş dakika kadar önce, caddeye girerken sana çarpan adamdan söz ediyorum."

Gerçekten de, C-- Caddesi'nden bulunduğumuz yola geçerken, başının üstünde büyük bir elma sepeti taşıyan biri kazara neredeyse beni yere düşürecekti; ama bunu Chantilly'le ne ilgisi olduğunu anlayamamıştım.

Dupin'de sahtekârlığın zerresi bulunmazdı.

"Sana açıklayacağım ve sen de her şeyi açıkça anlayacaksın," dedi. "Öncelikle, konuşmaya başlamamızdan, söz konusu manavı görene kadarki zamanda aklından geçen düşünceleri gözden geçirelim. Düşünce zincirinin ana halkaları şöyle: Chantilly, Orion, Doktor Nichols, Epikür, taşlara geometrik biçimler verme, kaldırım taşları ve manav."

Hayatında en az bir kez, vardıkları herhangi bir sonuca zihinlerinin hangi yollardan ulaştığını anlamak amacıyla, düşünce zincirini geriye doğru takip etmemiş kişi sayısı azdır. Bu gerçekten ilginç bir uğraştır ve bunu ilk kez deneyen biri, varılan sonuçla başlangıç noktası arasında ne kadar geniş bir mesafe ve ne kadar büyük bir ilgisizlik olduğunu fark edince şaşırır. Fransızın söylediklerini duyduğumda ve söylediklerinin doğruluğunu kabullenmek durumunda kaldığımda, ben de büyük bir şaşkınlık içindeydim. Şöyle devam etti:

"Yanılmıyorsam, C-- Caddesi'nden ayrılmadan önce atlardan söz ediyorduk. Konuştuğumuz konu oydu. Caddeye girerken, başında büyük bir elma sepeti taşıyan bir manav hızla yanımızdan geçti ve seni de, yol çalışması yüzünden istiflenmiş kaldırım taşlarının olduğu noktaya doğru iteledi. Oradaki taşlardan birine basıp sendeledin ve ayak bileğini hafifçe incittin; sinirli, huysuz görünüyordun, birkaç kelime mırıldandın, yüzün solgunlaştı ve ardından, sessizce yürümeye devam ettin. Bu yaptıklarına özellikle dikkat ediyor değildim; gözlem, son zamanlarda hayatımın ayrılmaz bir parçası haline geldi.

Gözlerini yere dikmiştin ve aksi bir tavırla kaldırımlardaki delik ve çatlaklara bakıyordun, halen kaldırım taşlarını düşündüğünü buradan çıkarıyorum. Lamartine adlı dar sokağa varana kadar bu böylece devam etti; oradaki kaldırımlarsa, süregelen çalışmalar nedeniyle birbiri üzerine çıkmış, perçinleşmiş gibiydi. Oraya geldiğinde yüzün aydınlandı ve dudaklarının kıpırtısından 'stereotomi'* kelimesini mırıldandığını anladım ki bu da oradaki

* Geometrinin bir dalına verilen ad. Üç boyutlu cisimlerle uğraşan streotomi, cisimlere biçim verme anlamında da kullanılmaktadır. (Ç.N.)

kaldırım taşlarıyla yakından ilgili bir kelime. Yapılar üzerine düşünmeden ağzınızdan 'stereotomi' kelimesi çıkmayacağını düşündüm, yapılar üzerine düşünmüşsen de mutlaka aklına Epikür gelmiştir; geçenlerde o soylu Yunanlı hakkında konuştuğumuzda onun tahmin düzeyindeki bazı teorilerinin nasıl da nebula kozmogonisi tarafından onaylandığını söylemiştim, bu yüzden kesin Orion'daki büyük nebulaya bir bakış atarsın diye düşündüm; hatta bundan emindim diyebilirim. Bakışlarını yukarı çevirdin, böylece senin düşünce zincirini doğru takip ettiğimden emin oldum. *Musée*'nin dünkü sayısında Chantilly'i yeren eleştiri yazısını kaleme alan ve ayakkabı tamircisinin isim değiştirmesiyle, Roma sandaleti arasında utanç verici bağlar kuran eleştirmen, bizim de sohbetlerimiz sırasında sık sık kullandığımız, Latince *Perdidit antiquum litera prima sonum** dizesini alıntı yapmıştı.

Bu dizenin, önceden Urion diye yazılan Orion'la ilgili olduğunu sana öyle bir ciddiyetle anlatmıştım ki, unutmayacağından emindim. Bu yüzden de 'Orion' ve 'Chantilly' kelimelerinin sana birbirlerini çağrıştıracağından şüphem yoktu. Dudaklarının gülümseyişinden böyle bir bağlantı kurulduğunu anlamıştım. Belli ki ayakkabıcının harcanışını düşünüyordun. O ana dek eğik yürüyordun ama sonra doğrulduğunu gördüm. Böylece Chantilly'nin kısa boyunu düşündüğünden emin oldum. O noktada, Chantilly'nin kısa boylu olduğunu ve Varyeteler Tiyatrosu'na daha çok yakışacağını söyleyerek düşüncelerini kesintiye uğrattım."

Bu olayın üzerinden çok geçmemişti ki, gözlerimiz *Gazetta des Tribunaux*'nun akşam baskılarından birindeki şu yazıya takıldı:

---

* Dize Ovidius'tan alıntıdır: "İlk ad yitirdi eski güzelim söylenişini". (Ç.N.)

SIRADIŞI CİNAYETLER

Bu sabah, St. Roch Mahallesi sakinleri, sabaha karşı üç sularında, Morgue Caddesi'ndeki bir apartmanın dördüncü katından, Bayan L'Espanaye ve Camille'in yaşadıkları daireden gelen korkunç çığlıklarla uyandı. Normal yöntemlerle içeri girme çabaları başarısız olunca levye yardımıyla kilit kırıldı ve on komşu, iki polis memuru eşliğinde içeri girdi. Bu sırada çığlıklar kesilmiş ama ilk kat merdivenleri çıkılırken, apartmanın üst tarafından geldiği düşünülen birkaç öfkeli ses duyulmuş. İkinci kata çıkıldığında bu sesler de kesilmiş ve bina tam bir sessizliğe bürünmüş. Eve girildikten sonra adamlar koşturarak odalara dağılmış. Arka taraftaki geniş odaya vardıklarında (bu oda da kilitliymiş ve kilit kırılarak içeri girilmiş) karşılarına, onları şaşırttığı kadar dehşete de düşüren bir manzara çıkmış.

Oda derbeder haldeymiş. Mobilyalar kırılmış, her tarafta kırık mobilya parçaları varmış. Yalnız bir tane karyola varmış ve onun da şiltesi odanın ortasına fırlatılmış. Sandalyenin birinde kan lekeli bir ustura varmış. Ocakta birkaç tutam gri, uzun ve kalın insan saçı bulunmuş; saçlar da kan lekeliymiş ve anlaşıldığı kadarıyla kökten koparılmışlar. Yerdeyse dört Napolyon altını, topaz bir küpe, üç tane büyük gümüş, üç tane de daha küçükçe kalay kaşık ve içinde yaklaşık dört bin Pound değerinde altın olan iki çanta bulunmuş. Bir köşede bulunan çalışma masasının çekmecelerinin yağmalandığı belliymiş ama yine de içlerinde birkaç parça eşya kalmış. Şiltenin altında (karyolanın değil) küçük, demir bir kasa bulunmuş. Kasa açıkmış ve anahtarı da halen kilitte durmaktaymış; birkaç eski mektup ve önemsiz birkaç kâğıt dışında kasanın içi tamamen boşmuş.

Bayan L'Espanaye'den eser yokmuş ancak şöminede normalden fazla kurum olduğu görülmüş ve bacanın aranması üzerine (ne kadar da dehşet verici!) dar aralıkta epey bir mesafe yukarı itilmiş olan küçük kızın baş aşağı duran cesedi bulunmuş ve ardından çıkartılmış. Kızın cesedi halen sıcakmış. Yapılan incelemede bedenin pek çok yerinde deri zedelenmesi olduğu görülmüş. Bunların şüphesiz, ceset yukarıya çıkarılmaya zorlanırken meydana gelen sürtünmeden kaynaklandığı düşünülmektedir. Yüzde oldukça derin çizikler ve boğazdaysa, merhumun boğularak öldürüldüğünü düşündüren koyu morluklar ve tırnak bastırma izleri fark edilmiş.

Dairenin her bir tarafının didik didik aranmasından herhangi bir sonuç alınamayınca, grup, evin arkasındaki taş döşeli avluya gitmiş; orada da ihtiyar kadının yerde yatan cesediyle karşılaşmışlar. Boyun öyle derin kesilmiş ki, ceset kaldırılmaya çalışılırken kadının kafası yere düşmüş. Beden ve baş öylesine darp edilmiş ki, bir insan başı olup olmadığı bile zor anlaşılıyormuş.

Bildiğimiz kadarıyla, bu korkunç olay hakkında herhangi aydınlatıcı bir bilgi elde edilemedi.

Ertesi günün gazetesinde, yazıya şunlar da eklenmişti:

MORGUE SOKAĞI'NDA TRAJEDİ

Bu korkunç olayla ilgili pek çok kişi sorgulandı ancak halen konuyu aydınlatacak bir ipucu elde edilemedi. Tanık ifadelerini aşağıda sunuyoruz:

Çamaşırcı kadın Pauline Dubourgh, ifadesinde iki merhumu da üç yıldır tanıdığını, bu süre içinde onlara çamaşırcılık yaptığını söyledi. Anne kızın aralarının iyi olduğunu, birbirlerine şefkatle yaklaştıklarını, ayrıca harika birer işveren olduklarını da belirtti. Bayanların yaşam tarzları ve gelirleri hakkında bir şey söyleyemeyeceğini belirten Dubourgh, bildiği kadarıyla, geçmişte Bayan L.'nin falcılık yaparak geçindiğini, o zamanlardan kalma parası olduğunu sandığını söyledi. Kendisi eve gelip giderken evde kimseyi görmemiş ve anne-kızın herhangi bir hizmetçileri olmadığından da eminmiş. Ayrıca Dubourgh, dördüncü kat dışında binanın hiçbir yerinde mobilya bulunmadığını da belirtti.

Tütüncü Pierre Moreau, yaklaşık dört yıldır Bayan L'Espanaye'e tütün ve enfiye sattığını belirtti. O mahallede doğmuş ve hayatı boyunca o mahallede yaşamış olan Bay Moreau, anne-kızın, cesetlerinin bulunduğu evde altı yıldan uzun zamandır yaşadıklarını söyledi. Önceden binada bulunan bir kuyumcu üst katları kiraya verme işini idare ediyormuş, ancak zamanla kiracıların daireleri yıpratmasından bıkan mülk sahibi Bayan L., bizzat kendisi binaya taşınmış ve hiçbir daireyi de kiraya vermemiş. İhtiyar kadının bu noktada çocukça davrandığını söyleyen Bay Moreau, altı yıllık süre içinde kızı beş altı kez gördüğünü belirtti. Oldukça durgun bir hayat yaşayan anne-kızın paralarının olduğuna inanan Bay Moreau, mahalleli arasında Bayan L.'nin falcılık yaptığı söylenmesine rağmen kendisinin bu söylentilere inanmadığını söyledi. Bay Moreau altı yıl boyunca, bir iki defa hamal, sekiz-on defa da doktor dışında, anne ve kızı hariç binanın kapısından içeri giren kimseyi görmemiş.

Komşuların da, diğer kişilerin de ifadeleri aynı yöndeydi. Ev, sık ziyaret edilen bir yer değildi; Bayan L. ve kızının herhangi bir tanıdıklarının olduğu bile şüpheliydi. Ön cephenin panjurları pek seyrek açılırmış; dördüncü kattaki arka odanın panjurları dışında, arka panjurlar her zaman kapalıymış. Ev çok eski değilmiş ve genel olarak iyi durumdaymış.

Polis Memuru Isodore Musté, evin önüne sabaha karşı üç civarında geldiğini ve binanın girişinde, içeri girmeye çalışan yirmi otuz kişi bulduğunu söyledi. Sonunda kapıyı levye değil, kasatura kullanarak açtığını belirtti; çifte kapı olduğundan ve aşağı ya da yukarıdan sürgülenmediğinden kapıyı açarken zorlanmamış. Kapı zorla açılana dek çığlıklar devam etmiş ancak sonra aniden kesilmiş. Çığlıklar kısık ve kesik değil, yüksek ve uzun süreliymiş ve oldukça fazla acı çeken birinin (ya da birilerinin) çığlıklarına benziyormuş. Tanık, merdivenden yukarı çıkılırken en öndeymiş. İlk kata çıkıldığında biri kalın, diğeriyse oldukça tuhaf, tiz, yüksek sesli ve öfke yüklü iki çığlık duyulmuş. Bir Fransıza ait olan ikinci çığlıktaki bazı kelimeleri anlayabilmiş; 'kutsal' ve 'şeytani' kelimelerini seçebilen jandarma, bu çığlığın bir kadına ait olmadığından kesinlikle eminmiş. Tiz sesse bir yabancıya aitmiş; sesin bir erkeğe mi yoksa kadına mı ait olduğundan emin olamayan Bay Musté, kelimeleri de anlayamamış; ancak dilin İspanyolca olduğunu düşünüyormuş. Tanığın odanın ve cesetlerin durumu hakkında söyledikleri dünkü yazımızda aktardıklarımızla aynıydı.

Gümüşçülük yapan komşu Henri Duval, eve ilk giren grubun içinde olduğunu belirtti. Genel olarak Musté' nin söyledikleriyle paralellik taşıyan ifadesinde, binadan içeri girdikten sonra, dışarıya toplanmış kalabalığın içeri girişini önlemek için hemen kapıyı kapattıklarını ve kalabalığın gece geç saatlere kadar bina önünde beklediğini söyledi. Tanık, tiz sesin bir İtalyana ait olduğunu düşündüğünü, kesinlikle bir Fransıza ait olmadığını söyledi. Bir erkek sesi olup olmadığından emin olmadığını, kadın sesi de olabileceğini belirtti. Kelimeleri anlayamadığını ama tonlamadan, dilin İtalyanca olduğundan emin olduğunu söyledi. Bay Duval, Bayan L.'yi de kızını da iyi tanıdığını, onlarla sık sık konuştuğunu ve sesin ikisine de ait olmadığını düşündüğünü belirtti.

Lokantacı Odenheimer, ifade vermeye gönüllü gitti; kendisi Amsterdamlı olup Fransızca bilmediğinden ifadesi tercüman aracılığıyla alındı. Çığlık atıldığı sırada kendisi sokaktan geçmekteymiş. Çığlıklar birkaç, en fazla on dakika sürmüş. Çığlıklar çok yüksek ve uzun süreli, korkunç ve acıklıymış. Kendisi de binaya girenlerdenmiş. Söyledikleri, bir nokta dışında önceki ifadeyle paralellik taşıyor. Kendisi, tiz sesin de bir erkeğe, Fransız bir erkeğe ait olduğundan eminmiş. Kelimeleri anlayamamış. Sözler yüksek sesli ve hızlıca söylenmiş, birbirlerinden farklı tonlardaymış ve belli ki korku ve tehlike etkisiyle dile getirilmiş. Tanığa göre ses tizden ziyade iticiymiş, öyle bir sese tiz denemezmiş. Kaba sesse, 'kutsal', 'şeytan', ve 'Aman Tanrım' kelimelerini birkaç kez tekrarlamış.

Bankacı Jules Mignaud, Delorine Caddesi'ndeki Mignaud ve Oğulları Bankası'nın sahiplerinden baba olanı; kendisi Bayan L'Espanaye'in biraz nakdi olduğunu belirtti. Bayan L., Bay Mignaud'un bankasında -- yılının (sekiz yıl önce) ilkbaharında bir hesap açtırmış ve sonrasında sık sık ufak meblağlarda para yatırmış. Ölümünden bir önceki güne dek hiç para çekmemiş; para çekmeye bizzat geldiğindeyse dört bin frank almış. Meblağ altın olarak ödenmiş ve veznedarlardan biri eve kadar hanımefendiye eşlik etmiş.

Mignaud ve Oğulları Bankası'nda veznedarlık yapan ve söz konusu gün öğlen saatinde Bayan L. Dört bin frankı evine götürürken hanımefendiye eşlik etmekle görevlendirilen Adolph Le Bon, altınları iki ayrı çantada taşıdığını, eve vardıklarında kapıyı genç bayanın açtığını ve elindeki çantalardan birini kızının diğerini ise hanımefendinin aldığını söyledi. Kendisi selam verip oradan ayrılmış. O sırada caddede herhangi birini görmemiş; zaten ara sokak olduğundan oldukça tenhaymış.

Terzi William Bird, eve girenlerden biri olduğunu belirtti. Kendisi, iki yıldır Paris'te yaşamakta olan bir İngiliz. Merdivenden çıkanlardanmış ve söz konusu çığlıkları o da duymuş. Kaba ses bir Fransıza aitmiş. Birkaç kelime seçebilmiş ancak hepsini şu an hatırlayamıyormuş; 'kutsal' ve 'aman Tanrım' kelimelerini duymuş. O sıradaki sesler, birkaç kişinin kavga edişini çağrıştıran, etrafın dağıldığını, itiş kakış yaşandığını andıran nitelikteymiş. Tiz çığlık oldukça yüksekmiş, kaba sesten çok daha yüksek. Bu sesin bir İngilize ait olmadığından emin olduğunu ve bir kadın sesi olabileceğini belirten Bay Bird, Almanca bilmiyor.

Yukarıda adı geçen tanıklardan dördü tekrar sorguya çağrıldığında, kendileri daireye vardığında, genç bayanın cesedini buldukları odanın kapısının içerden kilitlenmiş olduğunu belirttiler. Söylediklerine göre daire tamamen sessizmiş, herhangi bir inilti ya da herhangi bir ses yokmuş. Kapı açıldıktan sonra da içeride kimseyi bulamamışlar. Ön odanın da, arka odanın da pencereleri içerden sürgülü bir şekilde kapalıymış. İki oda arasındaki kapı da kapalıymış ama kilitli değilmiş. Ön odadan koridora açılan kapıysa içerden kilitliymiş ve anahtar da iç taraftaymış. Dördüncü kattaki koridorun başındaki, ön cepheye bakan küçük odanın kapısıysa aralıkmış. Bu oda, eski şilteler, kutular ve benzeri eşyalarla doluymuş. Bu eşyalar kaldırılıp dikkatle aranmış. Evin dikkatle aranmamış bir santimetrekaresi bile kalmamış. Şömine bacaları baştan aşağı temizlenmiş. Dört katlı evde ayrıca, yıllardır oraya girilmemiş gibi duran, ufak kapısı özenle çivilenmiş, bir de çatı katı bulunuyormuş. Kavga eden kişilerin çıkardığına benzer seslerin duyulmasıyla kapının açılması arasındaki zaman kaybı tanıklar tarafından pek çok kez dile getirildi. Bazıları geçen sürenin üç dakika olduğunu söylerken, kimi de süreyi beş dakikaya kadar uzatıyordu. Kapı zar zor açılabilmişti.

Cenaze levazımatçısı Alfonzo Garcio, Morgue Sokağı'nda yaşadığını belirtti. Kendisi İspanya uyruklu ve eve ilk girenlerden biri ama üst kata kadar çıkmamış; gergin bir tabiata sahip olduğundan heyecanlanmasının sonuçlarından çekinmiş. Sözü edilen haykırışları kendisi de duymuş. Kaba ses bir Fransıza aitmiş ancak ne söylendiğini tam anlayamamış. Tiz sesinse bir İngilize ait olduğundan eminmiş. Kendisi İngilizce bilmiyor ve bu sonuca, dilin tonlamasından varmış.

Şekerci Alberto Montani, merdiveni ilk çıkanlardan olduğunu söyledi. Söz konusu çığlıkları kendisi de duymuş. Kaba sesin bir Fransıza ait olduğunu düşünüyor ve birkaç kelime seçebilmiş. Bağıran kişi sanki bir şeye itiraz ediyor gibiymiş. Tiz sesteki sözleriyse seçememiş. Tiz sesli kişi kelimeleri hızlı ve farklı tonlarda sarf etmiş. Tanık, sesin bir Rusa ait olduğunu düşünüyor. Bir İtalyan olan kendisi, diğer ifadelerde söylenenleri doğruluyor ve daha önce Rusça konuşan biriyle hiç karşılaşmamış.

Tekrar ifadeye çağrılan birkaç tanık, şömine bacalarının hiçbir insanın geçemeyeceği kadar dar olduğunu belirtti. 'Baca temizlemek'le, şömine temizleyicilerinin kullandığı, silindir biçimli fırçalarla bacayı yoklamayı kastettiklerini söyleyen tanıklar, bu fırçalarla evdeki her deliği kontrol ettiklerini söylediler. Ayrıca kendileri yukarı çıkarken, dairenin içinden dışarı açılan herhangi başka bir yol bulunmadığını da belirttiler. Genç L'Espanaye'nin cesedi bacaya öylesine sıkıştırılmış ki, dört beş kişi güçlerini birleştirip hep beraber çekene dek cesedi bacadan çıkartamamışlar.

Doktor Paul Dumas, cesetleri incelemek için şafak sökerken çağrıldığını söyledi. Vardığında cesetler, genç L'Espanaye'nin bedeninin bulunduğu odadaki şiltenin üzerine serili haldeymiş. Genç bayanın cesedi yaralanmış ve derisi de pek çok yerden zedelenmiş. Önceden şömine bacasına sıkıştırılmış olması, cesedin bu durumunu açıklıyormuş. Boynu epey yıpranmış. Çenenin tam altında birkaç derin çizik ve tırnak batırmaktan oluştuğu anlaşılan bazı mor noktalar varmış. Gencin yüzü feci şekilde beyazlamış, gözleri yuvalarından dışarı fırlayacak gibiymiş. Dilin bir kısmı çiğnenmiş. Karnının ortasında, bir dizin bastırması yüzünden oluştuğu anlaşılan, büyük bir morluk varmış. Bay Dumas'nın görüşüne göre, genç bayan kimliği belirsiz kişi veya kişilerce boğularak öldürülmüş. Annenin cesedi de feci şekilde hırpalanmış. Sağ bacak ve koldaki hemen hemen tüm kemikler kırıkmış. Sol kaval kemiği ve sol kaburgalar paramparça olmuş. Tüm beden morarmış, rengini kaybetmiş. Bu yaraların ne ile yapıldığını söylemek mümkün değilmiş. Güçlü bir adamın elindeki ahşap bir sopa, büyükçe bir demir çubuk, sandalye, büyük, ağır ve sert herhangi bir alet bu sonuçlara neden olabilirmiş. Eline nasıl bir alet alırsa alsın, bu darbeleri indirenin bir kadın olması mümkün değilmiş. Tanık cesedi gördüğü anda tamamen bedenden ayrılmış halde olan kafa da epey zedelenmiş. Boyun belli ki kesici bir aletle, büyük olasılıkla bir usturayla kesilmiş.

Bay Dumas ile birlikte, cesetleri incelemek için Cerrah Alexandre Etienne de çağrılmıştı. İfadesi ve kişisel yorumları Bay Dumas'nınkilerle örtüşüyor.

Birkaç kişi daha sorgulandıysa da, önem taşıyan başka bir bilgi elde edilemedi. Daha önce Paris'te böylesine esrarlı, böylesine şaşırtıcı bir başka cinayet işlenmemişti; tabii ortada bir cinayet söz konusuysa. Polis böyle sıradışı bir vakayla daha önce karşılaşmadığından, ne yapacağını bilmemekte. Görünürde bir ipucunun gölgesi bile yok.

Gazetenin akşam baskısında St. Roch Mahallesi'ndeki büyük heyecanın halen devam etmekte olduğunu, söz konusu mekânların dikkatle tekrar incelendiği ve yeni tanıkların sorgulandığı ama herhangi bir sonuç alınamadığı yazıyordu. Yazının sonundaki bir ekteyse, Adolphe Le Bon'un tutuklanıp hapsedildiğini ancak kendisinin suçlu olduğunu ispatlayacak herhangi bir kanıt bulunamadığı belirtiliyordu.

Dupin bu olayın gidişatını yakından takip ediyor gibiydi; herhangi bir yorumda bulunmamış olsa da, davranışlarından bunu anlayabilmiştim. Le Bon'un tutuklanışından sonra, bana cinayetlerle ilgili fikrimi sordu.

Bunun çözülemeyecek bir gizem olduğu konusunda Paris'in geri kalanıyla hemfikirdim. Bizi katile yönlendirecek herhangi bir ipucu göremiyordum.

"Meseleyi," dedi Dupin, "yüzeysel ifadeleri değerlendirmekle sınırlamamalıyız. Zekâsı övülerek göklere çıkartılan Paris Polisi kurnazdır, ama başka yetisi de yoktur. O anki duruma göre davranmak dışında herhangi bir yöntem geliştirebilmiş değildir. Tonla araştırma yaparlar ama çoğu kez bunları o derece yanlış şekilde değerlendirirler ki, insanın kafasını, müzik dinlemek için sabahlığını isteyen Bay Jourdain'in kafasına döndürürler. Vardıkları sonuçlar genellikle şaşırtıcıdır, ancak bu sonuca basit hamaratlık ve çalışkanlık sonucu varırlar. Bu çalışkanlık işe yaramadığındaysa başarısızlığa düşerler. Örneğin Vidocq, iyi bir tahminci ve sabırla çalışan biriydi, ancak kendisinde yöntemsel bir düşünce sistemi bulunmadığından ve ifadelere fazla odaklandığından, pek çok kez yanlış sonuçlara ulaşırdı. Nesneyi çok yakından incelemek yüzünden görüş açısı bozulurdu. Belki birkaç noktayı olağandışı bir netlikle kavrardı ama meselenin bütününü gözden kaçırırdı. Yani, gereğinden fazla derinleşmek de bir sorun. Gerçek her zaman bir kuyunun dibinde olmayabilir. Hatta bence önemli gerçekler her zaman açıktadır. Gerçeği, bulunduğu dağ tepelerinde değil, derin kanyonlarda arıyoruz. Bu yapı ve tarzdaki yanlışlıklara, gök cisimlerine bakışımız iyi bir örnektir. Gözün orta kısmına göre cılız ışığa daha çok duyarlı olan dış kısmıyla yıldıza baktığımızda, aslında görüntüyü uzaklaştırmış olsak da, daha parlak bir görüntü elde etmiş oluruz, çünkü parıltı, biz bakışımızı ona yönelttikçe sönükleşir. Bakışlarımızı doğrudan yönelttiğimizde daha çok ışın huzmesi göze ulaşır ama yandan bakıldığında, görüntünün daha nitelikli değerlendirilmesi söz konusudur. Gereksiz derinlikle düşüncelerimizi bulandırmış, cılızlaştırmış oluruz; uzun süreli, odaklanmış ve doğrudan bir bakışla, Venüs bile gökkubbeden silinebilir.

Cinayetlere gelirsek, konu hakkında bir fikre varmadan önce, kendi araştırmamızı kendimiz yapalım. Böyle bir inceleme hoşumuza gidecektir." (Bunun garip bir söz olduğunu düşündüysem de, bir şey söylemedim) "Ayrıca bir keresinde Le Bon'un bana, kendisine minnettar kaldığım bir iyiliği de dokunmuştu. Olay mahallini bizzat kendi gözlerimizle göreceğiz. Polis şefi G--'yi de tanıdığımdan gerekli izin belgelerini almakta güçlük çekmeyiz."

İzin belgesi alındı ve hemen Morgue Caddesi'ne doğru yola çıktık. Burası, Richelieu Caddesi'yle St. Roch Mahallesi arasındaki sefil ara sokaklardan biriydi. Yaşadığımız mahalle oraya epey uzak olduğundan, vardığımızda akşamüzeri olmuştu. Evi bulmamız kolay oldu, çünkü yolun karşısındaki insanlar amaçsız bir merakla evin kapalı kepenklerine bakmaktaydılar. Girişin bir yanında sürgülü bir cam bölme, diğer tarafındaysa kapıcının oturduğu yerin penceresi bulunan, tipik bir Paris eviydi. Eve girmeden önce caddede biraz ilerledik, ardından bir ara sokaktan döndük; tekrar döndükten sonra da evin diğer tarafına gelmiş olduk. Bu sırada Dupin, anlam veremediğim derecede özenli bir dikkatle evi ve tüm bölgeyi inceliyordu.

Tekrar geri dönerek evin ön tarafına geldik, kapıyı çaldık ve belgelerimizi gösterdikten sonra görevli memurlar tarafından içeri alındık. Üst kata, genç L'Espanaye'nin cesedinin bacadan çıkartıldığı ve iki cesedin de halen orada bulunduğu odaya gittik. Odanın karmaşıklığı aynen devam etmekteydi. Her şey, *Gazette des Tribunaux*'da yazıldığı gibiydi. Kurbanların cesetleri dahil, her şeyi didik didik inceledi Dupin. Ardından diğer odalara ve bahçeye geçtik, bu sırada polislerden biri de bize eşlik ediyordu. İncelemelerimiz hava kararana kadar devam etti ve ardından oradan ayrıldık. Eve dönüş yolunda dostum, birkaç dakikalığına günlük gazetelerden birinin bürosuna uğradı.

Arkadaşımın pek çok kuruntusu olduğunu önceden de söylemiştim ve *je les menegais** —bu sözün İngilizcede karşılığı yoktur. Ertesi gün öğlene kadar mesele üzerine konuşmayı reddetmişti. Sonra aniden, vahşetin yaşandığı mekânda herhangi olağandışı bir şey görüp görmediğimi sordu.

'Olağandışı' derken öyle bir söyleyişi vardı ki, neden bilmem ama tüylerim ürperdi.

"Hayır," dedim. "Herhangi olağandışı bir şey görmedim; yani zaten gazetede yazılmış olanların dışında..."

"Gazete," dedi. "Olayın sıradışı dehşetine korkarım ki değinmemiş. Gazetedeki yararsız fikirleri boşverelim. Olayın çözülemez diye düşünülmesiyle, basit bir çözüme sahip olması, aslında aynı nedenden, yani olayın dışsal özelliklerinden kaynaklanıyor. Polisin kafasının karışmasının nedeni cinayetler için gerekçe bulunmaması değil, neden cinayetlerin böylesine korkunç bir şekilde işlenmiş olması. Ayrıca polis, boğuşma sırasında duyulan seslerle

---

* Fransızca, "Ben bunları hallediyorum" ya da "Ben bunlarla başa çıkabiliyorum" anlamında kullanılan bir deyim. (Ç.N.)

ilgili fikir birliği olmaması ve yukarı çıkmakta olan gruba görünmeden kaçmak mümkün olmadığı halde odada katledilmiş genç L'Espanaye'den başka kimsenin bulunmamasından dolayı da şaşırmış durumda. Odadaki aşırı dağınıklık, baş aşağı şömine bacasına tıkılmış ceset, ihtiyar kadının perişan edilmiş bedeni... Bunlar ve burada belirtmeye gerek duymadığım diğer etkenler, hükümet güçlerinin o çok övülen keskin zekâ gücünü felce uğratmaya yetti. Sıradışı olanla, çözümü zor olanı karıştırarak sıkça yapılan ama çok büyük bir hataya düştüler. Ama işte bu olağandan sapmalar sayesinde, mantıksal yöntem kendisine kullanım sahası bulur; tabii eğer kullanılırsa. Bizim takip ettiğimiz tarz soruşturmalarda 'Ne oldu?' diye değil, 'Sıradışı ne oldu?' diye sorulmalıdır. Zaten bana gizemi çözdürecek ya da çözdürmüş olan kolay yöntem, polis için, aynı derece bir çözülmezliği ifade ediyor."

Dostuma sessiz bir şaşkınlıkla bakmaktaydım.

"Şimdi," diye devam etti, dairemizin kapısına bakarak. "Bu katliamı bizzat gerçekleştirmiş olmasa da, katliamın gerçekleşmesinde parmağı olduğunu düşündüğüm birini bekliyorum. İşlenen ağır suçlara kıyasla masum olduğu bile söylenebilir. Umarım bu tahminimde yanılmıyorumdur, çünkü gizemin tüm çözümünü tamamen bu tahmin üzerine kurdum. Adam her an buraya gelebilir. Gelmeyebilir de ama büyük olasılık gelecek. Eğer gelirse onu alıkoymak zorundayız. İşte tabancalar; gerektiğinde nasıl kullanılacaklarını ikimiz de biliyoruz."

Tam olarak ne yaptığımı bilmeden ve duyduklarıma tam olarak inanmadan tabancaları aldım; bu sırada Dupin, sanki yalnızmışçasına konuşmaya devam etti. Bu tür durumlardaki soyutlanışından daha önce de söz etmiştim. Bana hitaben konuşuyordu ama sesinin tonu, yüksek olmasa da, çok uzakta bulunan birine sesleniyormuş gibiydi. Boş ifadeli gözleriyse duvara bakıyordu.

"Yukarıdan gelen kavga çığlıklarının," dedi, "bizzat L'Espanaye'lere ait olamayacağı delillerle kanıtlanmış durumda. Böylece ihtiyar kadının önce kızını derbeder edip sonra da intihar ettiği şüphesinden kurtulmuş oluyoruz. Bunu sadece nasıl bir yöntem izlediğimi göstermek için söylüyorum, yoksa zaten ihtiyar kadının kızını şömine bacasına sokabilecek kadar güçlü olmadığını biliyoruz, ayrıca cesedindeki yaralanmalar da intihar tezini safdışı bırakıyor. Demek ki cinayetler üçüncü şahıslar tarafından işlenmiş ve duyulan kavga sesleri de bu şahıslara ait. Şimdi ifadelerden —ifadelerin seslerle ilgili olan kısımlarından değil de, ifadelerdeki ilginç bir noktadan— söz edeyim. Sen ilginç bir nokta fark etmiş miydin?"

Kaba sesin bir Fransıza ait olduğu konusunda herkes hemfikir olsa da, tiz ya da bir kişinin tarif ettiği üzere hırçın ses hakkında epey görüş ayrılığı bulunduğunu belirttim.

"Bunlar zaten ifadenin ta kendisi," dedi Dupin. "İfadedeki ilginç nokta değil. İlginç bir nokta fark etmemişsin. Ama fark edilmesi gereken bir nokta var. Senin de söylediğin üzere, tanıklar kaba ses konusunda hemfikirdiler; tiz sese gelirsek, ilginç nokta sesin kime ait olduğu konusunda fikir ayrılığı olması değil; bir İtalyan, İngiliz, İspanyol, Hollandalı ve Fransızın sesi tarif etmeye çalışırken, sesin bir yabancıya ait olduğunu söylemesi. Her biri sesin kendi memleketinden birisine ait olmadığını söylüyor ve her biri, aşina oldukları bir dile değil, aksine, hiç tanımadıkları bir dile benzetiyor. Fransız, kelimeleri İspanyolcaya benzetiyor ve 'Eğer İspanyolcaya biraz aşina olsam birkaç kelime seçebilirdim,' diyor. Hollandalı, sesin bir Fransıza ait olduğunu söylüyor ama gazetede, 'Fransızca anlamayan bu tanığın ifadesi çevirmen aracılığıyla alındı' diye yazıldığını görüyoruz. İngiliz, sesin bir Almana ait olduğunu söylüyor ama gazetede, 'Kendisi Almanca bilmiyor' diye yazılmış. İspanyol, sesin bir İngilize ait olduğundan 'emin' ama 'bunu yalnızca tonlamadan çıkartıyor' ve 'İngilizce bilmiyor.' İtalyan, sesin bir Rusa ait olduğuna inanıyor, ama 'daha önce Rusça konuşan biriyle hiç karşılaşmamış.' Fransız olan ikinci tanık diğer Fransızla farklı fikirde ve sesin bir İtalyana ait olduğundan emin ama İtalyanca bilmiyor ve o da İspanyol gibi, 'bunu yalnızca tonlamadan çıkartıyor.' Böylesi çelişkili ifadelere neden olduğuna göre, ne de tuhaf bir sesmiş bu! Avrupa'nın beş değişik bölgesinde yaşayanlar bu sesi çıkartamıyorlar. Bu sesin bir Asyalı ya da Afrikalıya ait olabileceğini söyleyeceksin. Böyle bir olasılığı gözardı etmek istemem ama Paris'te çok sayıda Asyalı da Afrikalı da yok. Şimdi dikkatini şu üç noktaya çekmek istiyorum: Tanıklardan biri sesi 'tizden ziyade hırçın' diye nitelendiriyor, diğer ikisiyse, 'hızlı ve farklı tonlarda' diyerek. Tanıklar hiçbir bir kelime ya da kelimeye benzer bir sesi 'seçilebilir' olarak nitelendirmiyor."

"Söylediklerimin," diye devam etti Dupin. "Üzerinde nasıl bir etki yaptığını bilmiyorum ama ifadelerin bu kısmından, yani kaba ve tiz sesle ilgili kısmından çıkartılan geçerli tümdengelimlerin, gizemle ilgili araştırmanın geri kalanını da yönlendirecek bir şüphenin temelini oluşturduğunu düşündüğümü söylemekten çekinmeyeceğim. 'Geçerli tümdengelimler' dedim ama bu ifade ne demek istediğimi tamamıyla anlatmıyor. Aslında tek güvenilir olanın tümdengelim olduğunu, şüpheninse, onun önlenemez bir sonucu olarak ortaya çıktığını kastetmek istemiştim. Bu şüphenin ne olduğunaysa henüz girmeyeceğim. Bilmeni istediğim tek şey, dairedeki araştırmamız sonucunda belli bir fikir, eğilim oluşturmuş olmam.

Hayalimizde daireye gittiğimizi canlandıralım. İlk çözmemiz gereken ne olacak? Katillerin kaçarken hangi yolu kullandıkları. İkimizin de doğaüstü olaylara inanmadığımızı söylersem abartmış olmam. L'Espanayeler ruhlar tarafından öldürülmedi. Bu eylemi gerçekleştirenler fiziksel yapıya sahiptiler ve fiziksel yollar kullanarak kaçtılar. Öyleyse nasıl? Neyse ki, meseleye tek bir mantıklı bakış mümkün ve o yol da bizi kesin çözüme ulaştıracak. Teker teker bütün kaçış yollarını gözden geçirelim. Belli ki millet merdivenden çıkarken, katiller ya genç L'Espanaye'nin bulunduğu odadaydı ya da ona bitişik odada. Demek ki, ipuçlarını bu iki odadan birinde bulmamız gerekiyor. Polis, zemini, tavanı ve duvarları didik didik etti, herhangi bir gizli geçidi gözden kaçırmış olamazlar. Ama onların gözüne güvenmediğimden bir de kendim baktım; herhangi bir gizli geçit yoktu. Odalardan koridora açılan iki odanın kapısı da kilitlenmişti ve anahtarları da iç taraftaydı. Gelelim bacalara... Şömineden sekiz-on ayak* yukarıya kadar biraz genişlik olsa da, en yukarılara doğru, bir kedinin bile geçemeyeceği kadar daralıyor. Sözünü ettiğimiz şekilde bir kaçış kesinlikle mümkün olamayacağına göre, geriye pencereler kalıyor. Dışarıdaki kalabalığa görünmeden sokağa bakan pencerelerden kaçmış olmaları mümkün değil. Demek ki katiller, arka odanın pencerelerinden kaçmışlar. İlk bakışta 'imkânsız' gibi görünüyor diye, böylesi kesin bir sonucu reddetmek bizim gibi mantıkçılara yakışmaz. Öyleyse bize yakışan bu

---

* Yaklaşık 37,9 cm'ye eşit uzunluk ölçüsü birimi. (Ç.N.)

'imkânsızlıkların' aslında göründükleri gibi olmadığını ispatlamak.

Odada iki pencere var; birinin önünde mobilya yok ve tamamen açık. Diğerinin alt tarafıysa, önüne konulmuş hantal karyolanın baş kısmıyla örtülmüş. Grup odaya girdiğinde bu ikinci pencere içerden sıkıca sürmelenmiş haldeydi. Pencere kaldırılmaya çalışılınca da ciddi bir dirençle karşılaşılmıştı. Sonradan, çerçevenin sol tarafına açılan bir deliğe neredeyse kafasına kadar sokulmuş bir çivi fark edilmişti. Diğer pencere incelendiğinde orada da benzer şekilde sokulmuş bir çivi bulundu ve o pencerenin çerçevesi de tüm çabalara rağmen kaldırılamadı. Polis bunları gördükten sonra pencerelerden kaçılmadığına kesin kanaat getirdi ve çivileri çıkartıp pencereyi açma zahmetine bile katlanmadı.

Benim gözlemlerim biraz daha ayrıntıya yönelikti ve sana önceden belirttiğim nedenlerden ötürü, 'imkânsız' olarak görülen unsurların hiç de öyle olmadıklarının ispatlanabileceğinden emindim.

Tümevarımsal bir düşünme yöntemi izledim. Katiller bu pencerelerin birinden kaçmıştı. Ancak çıktıktan sonra pencereyi içeriden tekrar sürgülemeleri mümkün olamazdı. Meselenin bu kadar bariz olması da, polisin bu olasılığı kurcalamayı bırakmasına yetmişti. Pencereler gerçekten de sürgülenmişti. Demek ki kendi kendilerine kapanabilmişlerdi. Bu sonuç kaçınılamazdı. Önünde mobilya bulunmayan pencereye yaklaşıp biraz uğraştan sonra çiviyi çıkarttım ve pencereyi açmaya çalıştım. Düşündüğüm gibi, tüm çabalarıma rağmen açamadım. Gizli bir yay olması gerektiğini düşündüm, —ki şu an bundan eminim— ve pencerenin açılmaması da bu fikrimi doğrular nitelikteydi. Çivilerin varlığıysa halen gizemini korumaktaydı. Dikkatli bir arama sonunda gizli yay ortaya çıktı; yayı ittim ama araştırmadan istediğim sonucu aldığımdan, pencereyi açmaktan vazgeçtim.

Çiviyi yerine sokup dikkatle inceledim. Buradan çıkan biri pencereyi tekrar kapatabilirdi ve yay da pencereyi kilitlerdi ama çıkan kişi çiviyi tekrar yerine sokamazdı. Bu sonuç da gayet açıktı ve yine araştırma alanımı daraltmıştı. Katiller diğer pencereden kaçmış olmalıydı. Yay düzeni iki pencerede de aynı olmalıydı ama belki çivilerde ya da çivilerin takılış şekillerinde bir fark bulurum diye umarak karyolaya çıktım, yatak başının üzerinden diğer pencereyi dikkatle incelemeye koyuldum. Elimi yatak başının altına uzatarak yayı buldum ve bastırdım; düşündüğüm gibi, o da komşu penceredekiyle aynı özelliklere sahipti. Ardından çiviye baktım. O çivi de diğeri ile aynı kalınlıktaydı ve görüldüğü kadarıyla aynı biçimde, neredeyse başına kadar çivilenmişti.

Belki şimdi bir çıkmaza girdiğimi söyleyeceksin; eğer gerçekten böyle düşünüyorsan tümevarımı yanlış anlamışsın demektir. Bir spor terimiyle açıklarsam, hiç 'faul' yapmamıştım. Peşine düştüğüm koku bir anlığına bile kaybolmamıştı ve mantık zincirinde herhangi bir kopma meydana gelmemişti. Gizemi, nihai sonucuna kadar takip ettim; o sonuç da çiviydi. Söylediğim gibi çivi, diğer penceredeki hemşerisiyle aynı yapıdaydı; bu olguysa, takip ettiğimiz ipucu düşünüldüğünde, nihai gibi gözükse de, bizi hiçliğe götürüyordu. 'Bu çiviyle ilgili bir terslik olmalı' diye düşündüm. Dokunduğumda çivinin başı, gövdesinin altı-yedi milimlik kadarıyla beraber elimde kaldı. Gövdenin geri kalanı delikteydi. Uçlarının pasla kaplanmış olmasından, çivinin uzun zaman önce kırıldığı anlaşılıyordu. Belli ki kırılma nedeni, çivinin başını alt çerçevenin üst kısmına gömmüş olan çekiç darbesiydi. Ardından, çivinin başını aldığım noktaya geri koydum; kırığı olmayan, tam bir çivi gibi duruyordu. Yaya bastırdım ve çerçeveyi yavaşça birkaç milim kaldırdım; takıldığı yerde sapasağlam durarak, çivinin başı da çerçeveyle birlikle kalktı. Pencereyi kapattığımdaysa, yine kırığı olmayan tam bir çivi görünümündeydi.

Bilmecenin buraya kadarki kısmı çözülmüştü: Katil, yatağa bakan pencereden kaçmıştı. Adamın çıkışından sonra yay sayesinde pencere kendiliğinden (ve ya katil tarafından özellikle) kapanıp kilitlenmişti, polis de pencerenin kapanıklığını çiviye yormuş, mesele hakkında daha fazla araştırma yapmayı gerekli görmemişti.

Sonraki soruysa adamın aşağı nasıl indiği... Söz konusu pencereden beş buçuk ayak kadar ötede bir paratoner uzanıyor. İçeri girmek bir yana, bu paratonerden pencereye uzanmak bile mümkün değil. Dikkatimi çeken bir başka şeyse, dördüncü kattaki panjurların, Paris'teki doğramacıların 'ferrades' diye adlandırdığı türden olmasıydı; eski Lyon ve Bordeaux köşklerinde sıkça rastlanan bu tür panjurlar, günümüzde nadiren kullanılır. Bilindik kapılara benzerler (sürmeli değil, tek kanatlı olanlara), ancak alt kısımları kafesli ya da parmaklıklıdır, yani elin kavramasına oldukça uygundur. Bu kattaki panjurların eni tamı tamına üç buçuk ayak kadardı. Evin arkasına geçip baktığımızda panjurlar yarıya kadar açıktı, yani duvara dik açı yapmaktaydı. Polis de benim gibi evin arka kısmını incelemiştir ama ya 'ferrades'lerin genişliğine dikkat etmemişler, ya da dikkat etmiş olsalar bile anlamını fark edememişlerdi. Zaten, bu pencereden kaçışın olanaksız olduğunu düşündüklerinden bu bölgedeki incelemelerini çok üstünkörü yapmışlardır. Ancak, eğer yatağın bitişiğindeki pencerenin panjuru tamamen açılmışsa, panjurla paratoner arasındaki mesafenin iki buçuk ayak kadar ineceği, benim için gün gibi açıktı. Ayrıca, olağanüstü bir çaba ve cesaretle paratonerden pencereye geçip içeri girmenin mümkün olacağını da biliyordum. Bir hırsızın, iki buçuk ayaklık mesafeden uzanıp (panjurun sonuna kadar açık olduğunu düşünürsek) parmaklığa sıkıca tutunabilmesi elbette mümkündü. Ardından dikkatle ayaklarını duvara dayayıp paratoneri bırakırdı ve sıçrayarak, eğer pencere açıksa, kendini odaya atabilirdi.

Böylesi tehlikeli ve zor bir iş için olağanüstü bir güç gerektiğini belirttiğimi lütfen aklından çıkarma. Öncelikle, sana pencereden içeri girişin mümkün olduğunu açıklamaya çalışıyorum ama ayrıca, daha da önemlisi, böyle bir işi başarmış olan kişideki olağandışı, neredeyse doğaüstü denilebilecek çevikliğe dikkatini çekmeye çalışıyorum.

Şüphesiz, bu noktada bana, yasal terimler kullanarak, 'teorimi doğrulamak için' olay sırasındaki çevikliğin önemini vurgulamak yerine, çevikliğin önemini az göstermemin daha doğru olduğunu söyleyeceksin. Hukuk bu tarz yöntemlere başvursa da, o yöntemler mantığın işine yaramaz. Benim nihai amacım gerçeği açığa çıkarmak. Asıl hedefim seni, demin sözünü ettiğim olağanüstü çeviklikle, hangi milletten olduğu konusunda iki kişinin bile hemfikir olmadığı ve söylediklerinin bir kelimesinin bile anlaşılmadığı oldukça tiz (veya hırçın) sesin sahibi arasında bir bağlantı kurmaya yönlendirmek."

Bu sözler üzerine, Dupin'in anlattıkları kafamda belirsiz, yarım yamalak bir şekilde belirip kayboldu. Bir şey hatırlayacakmış gibi olup da hatırlayamayan kişiler gibi, bir şeyi kavrayacakmış gibi oldum ama kavrayamadım. Dostum konuşmasına devam etti.

"Anladığın üzere," dedi, "konuyu dışarı çıkıştan, içeri girişe çevirdim. Bunu, iki eylemin de aynı yolla gerçekleştirilebileceğini göstermek için yaptım. Şimdi odanın içine gelelim. Orada görülenleri inceleyelim. Çekmecelerinin yağmalandığı, ancak yine de içlerinde pek çok eşya bulunduğu söylendi. Bu çıkarım çok saçma. Bu bir tahmin, yalnızca gülünç bir tahmin, o kadar... Var olan tüm eşyanın, odada bulunan eşyalardan ibaret olmadığını nasıl bilebiliriz? Bayan L'Espanaye ve kızı oldukça kapalı bir hayat sürüyor, kimseyle görüşmüyor, dışarı nadiren çıkıyorlarmış... Yani sık sık kıyafet değiştirmeye gerek duymayan kişilerdi. Odada bulunan kıyafetler, bayanların kullanacağı en şık giysilerdendi. Eğer hırsız giysi çaldıysa, neden en iyilerini götürmedi? Neden hepsini almadı? Daha da önemlisi, neden dört bin frank değerinde altını bırakıp da kumaş parçalarıyla uğraşsın? Altın alınmamış. Bankacı Bay Mignaud'un sözünü ettiği altınların tamamına yakını, keseler içinde yerde bulundu. Eve altın teslim edildiğinin öğrenilmesi ve bunun polisçe suçun nedeni olarak kabul edilmesi üzerine, eğer sen de suç nedeni olarak altını görüyorsan, bu fikri kafandan çıkarmanı isteyeceğim. Bundan (cinayetlerin, altınların teslim edilmesinden üç gün sonra işlenmiş olması) on kat daha dikkat çekici tesadüfler, biz hiç fark etmeksizin, her saat hepimizin başına gelir. Tesadüfler, insanoğlunun en büyük başarılarının gerçekleşmesinin borçlu olunduğu olasılık hesabını bilmeyen düşünürlerin önünde her zaman bir engel oluşturmuştur. Olayımıza dönecek olursak, eğer altın çalınmış olsaydı, üç gün önceki altın teslimatı herhangi bir tesadüften daha çok anlam taşıyacak, suç nedeninin hırsızlık olduğu tezini destekleyici bir unsur haline gelecekti. Ancak, var olan şartlar dahilinde, bu caniliğin nedeninin altın olduğunu düşündüğümüzde, suçu işleyen kişinin de suç nedenini unutup altını bırakacak kadar şapşal biri olduğunu kabul etmek zorunda kalırız.

Dikkatini çekmek istediğim unsurları bir düşünelim: Tuhaf ses, sıradışı çeviklik ve böylesi gaddarca işlenmiş cinayetler için, şaşırtıcı olarak, gözle görülür bir saik bulunmaması... Şu gaddarlık konusuna bir bakalım. Kadının biri kol gücüyle boğuluyor ve baş aşağı şömine bacasına itiliyor. Sıradan katiller bu tarz yöntemlere başvurmazlar. En azından, öldürdükleri kişiden bu şekilde kurtulmazlar. Cesedin bacaya tıkılması noktasında, sen de kabul edersin ki, epey olağandışı bir durum söz konusu; söz konusu katil, ahlaki kaygılardan en uzak insan bile olsa, bu yapılanlarla insaniyet algımız arasında bir örtüşmezlik var. Ayrıca, cesedi o dar delikten ancak birkaç kişi aynı anda çekerek çıkarabildiğine göre, cesedi oraya ne derece güçlü birinin ittiğini bir düşün!

Şimdi, muazzam bir güç kullanıldığına dair diğer belirtilere göz atalım. Ocağın üstünde bir tutam, kalın bir tutam, gri insan saçı vardı. Köklerinden koparılmışlardı. Bırak tutamı, yirmi otuz kıl koparmak için bile ne derece güç gerektiğini bilirsin. Söz konusu tutamı sen de gördün. Tutamın kökünde (ne de korkunç bir görüntüydü!) kafa derisi parçaları vardı; bir seferde yarım milyon saç telini koparmak için ne derece yüksek bir güce sahip olmak gerektiğini apaçık görüyoruz. İhtiyar kadının boğazı yalnızca kesilmemiş, başı gövdesinden ayrılmıştı ve suç aleti sıradan bir usturaydı. Bu eylemlerdeki vahşiliğe dikkat etmeni istiyorum. Bayan L'Espanaye'nin cesedindeki morluklardan söz etmiyorum bile. Bay Dumas ve değerli yardımcısı Bay Etienne, bu morluklara sert bir nesnenin neden olduğunu dile getirdi; beyler bu noktada haklılar da. Sert nesne belli ki avludaki taş kaldırım; kadın buraya, yatağın bitişiğindeki pencereden düşmüş. Şu an gayet açıkça görülebilen bu fikir de, panjurların genişliği gibi, çivinin konumu yüzünden pencerelerin hiç açılmadığı fikrine körü körüne saplanan polisin gözünden kaçtı.

Ayrıca tüm bunların yanında, odadaki tuhaf karmaşıklığı, içeri giren kişideki şaşırtıcı çevikliği, insanüstü bir gücü, gaddar vahşiliği, nedensiz katliamı, gayri insani bir dehşeti ve pek çok milletten kişiye yabancı gelen, bir kelimesinin bile anlaşılmadığı sesi bir arada düşündüğünde ortaya nasıl bir sonuç çıkıyor? Kafanda nasıl bir fikir oluştu?"

Dupin'in sorusu bende korkunç bir ürpermeye neden oldu. "Bir deli," dedim. "Bunları yapan kudurmuş bir manyak, yakınlardaki tımarhaneden kaçmış olmalı."

"Bir bakıma," diye yanıtladı, "abes bir fikir değil seninkisi. Ama en azılı nöbetlerinde bile delilerin sesi, merdivenden çıkılırken duyulan o sese benzemez. Ayrıca deliler de belli bir millettendir ve dillerinden de, her ne kadar abuk sabuk şeyler söyleseler de, anlamlı kelimeler çıkar. Ayrıca bir delinin saçları, elimde tuttuğum saça benzemez. Şu bir perçem saçı, Bayan L'Espanaye'nin sertçe kapanmış parmakları arasından çıkardım. Ne düşünüyorsun, söyle bana."

"Dupin!" dedim, sinirlerim bozulmuş bir halde. "Bu oldukça tuhaf bir saç. Bir insana ait olamaz."

"Ben de ait demedim zaten," dedi. "Ama o noktaya gelmeden önce, şu kâğıda çizdiğim ufak resme bir bakmanı istiyorum. Bir ifadede, genç L'Espanaye'nin boynundaki 'koyu morluklar ve derin tırnak bastırma izleri'ne, bir diğerindeyse (Bay Dumas ve Bay Etienne'inkinde) 'parmak izlerine benzeyen morarmış yerler'e dikkat çekilmişti; bu resim işte o bölgenin bir kopyası."

"Göreceksin ki," diye devam etti dostum, kâğıdı masanın üstüne yayarak, "bu çizimden, boynu tutan kişinin, sıkıca ve sabit bir biçimde tuttuğu anlaşılıyor. Gözle görünen herhangi bir kayma yok. Her bir parmak, ilk yerleştiği yerdeki korkunç sıkışını, büyük olasılıkla kurbanın ölümüne dek sürdürmüş. Şimdi, parmaklarını, kâğıtta gördüğün noktalara yerleştirmeye çalış."

Denedim ama mümkün olmadı.

"Belki seni haddinden fazlasını yapmaya zorluyorumdur," dedi. "Kâğıt, düz bir zeminin üzerinde; halbuki insan boynu silindir şeklindedir. Şurada bir odun var ve çevresi de insan boynununki kadar. Kâğıdı oduna sarıp tekrar dene."

Dediğini yaptım ama önceki seferden de çok zorlandım.

"Bu," dedim, "bir insan elinin izi değil."

"Şimdi," diye yanıtladı Dupin, "Cuvier'in şu yazısını oku." Doğu Hint Adalarında yaşayan, iri, kızıl tüylü bir orangutan türü hakkında ayrıntılı, anatomik ve betimleyici bir yazıydı. Bu memelinin devasa boyu, şaşırtıcı gücü ve çevikliği, vahşi yırtıcılığı ve taklit eğilimi herkesçe biliniyordu. Cinayetlerin korkunçluğunu o an anlayabildim.

"Pençelerin tarifi," dedim, okumayı bitirdikten sonra, "resimdeki izlere tıpatıp uyuyor. Anlaşılan o ki izler, hayvan türleri arasından, ancak orangutana ait olabilir. Bulduğun kızıl tüyler de Cuvier'in sözünü ettiği hayvanınkilerle uyumlu. Ama bu korkunç gizemle ilgili bazı ayrıntıları tam olarak çözemedim. Boğuşma sırasında iki farklı ses duyulmuştu ve bir tanesi kesinlikle erkek bir Fransıza aitti."

"Doğru. Ayrıca bu adamın ne söylediği konusunda da herkes hemfikir; 'Aman Tanrım' sözünden bahsediyorum. Tanıklardan biri, şekerci Montani de bu sesin bir itiraz veya uyarı tonunda olduğunu söylemişti ki o anki durum göz önüne alındığında tanık haklı olsa gerek. Gizemin tam çözümü için bu iki kelimeyi esas almıştım. Fransız bir erkek, cinayete tanıklık etmişti. Bu tanığın, yaşanan kanlı olaya bizzat karışmamış olması gayet mümkün, hatta çok büyük ihtimal. Orangutan, adamın elinden kaçmış olabilir. Hayvanı daireye kadar takip etmiş, ancak sonradan yaşanan dramatik olaylar yüzünden bir daha yakalayamamıştır. Halen de dışarda olmalı. Bu tarz tahminlere ki kaynaklandıkları gölgemsi yansımalar kanımca yeterince derinlik arz etmediğine ve bunları bir başkasına olgusal olarak anlatamadığıma göre bunlara tahminden başka bir şey denemez, devam etmek istemiyorum. Bunları ancak tahmin olarak adlandırabilir, o şekilde muamele edebiliriz. Söz konusu Fransız bu kanlı olayda gerçekten masumsa, dün akşam eve dönerken *Le Monde*'un (nakliyeyle ilgili haberlere yöneliktir ve genellikle denizciler okur) bürosuna uğrayıp verdiğim ilan onu buraya getirecektir."

Elime bir kâğıt tutuşturdu; şöyle yazıyordu:

> **Yakalandı**: Ayın --'inde (cinayetin işlendiği günün sabahı) sabahın ilk saatlerinde Boulogne Korusu'nda, oldukça büyük, kızıl tüylü, Borneo türü bir orangutan bulundu. Sahibi (Malta gemisinde çalışan bir denizci olduğu bilinmektedir) onu iyice tanımlar, yakalanışı ve bakımından kaynaklanan bazı harcamaları karşılarsa hayvanı geri alabilir. -- Caddesi, Faubourg St. Germain, No-- üçüncü kata gelin.

"Nasıl oldu da," dedim, "adamın bir denizci olduğunu ve bir Malta gemisinde çalıştığını anladın?"

"Bilmiyorum," dedi Dupin. "Bundan eminim değilim. Ama şu küçük kurdelenin bağlanışı ve yağlı görüntüsünden belli ki, bunu kullanan kişi, denizciler arasında popüler olan at kuyruğu saçını bağlamak için kullanmış. Denizciler dışında bu Malta tarzı düğümü atabilen pek kimse yoktur. Bu kurdeleyi paratonerin dibinde buldum. Merhumlardan birine ait olması mümkün değil. Bu kurdele üzerinden yaptığım, aradığımız Fransızın bir Malta gemisinde çalışan bir denizci olduğu çıkarımım yanlış olsa bile, bunu ilanda belirtmemden herhangi bir zarar gelmez. Eğer yanılıyorsam, kaynağını araştırma zahmetine katlanmayacağı bir nedenden dolayı yanıldığımı düşünecektir. Ama eğer haklıysam büyük bir puan kazanmış oluruz, çünkü masum olsa da, cinayete tanıklık etmiş biri olarak orangutan hakkındaki bir ilanı yanıtlamaya çekinecektir. Şu şekilde düşünecektir: 'Masumum, yoksulum, orangutanım oldukça değerli, durumum göz önüne alınırsa bir servet değerinde; onu bazı gereksiz endişelerden dolayı neden kaybedeyim ki? İşte elimin altında, o katliamın yaşandığı yerden oldukça uzakta, Boulogne Koruluğu'nda bulunmuş... Yaşananların vahşi bir hayvanın elinden çıktığından kim şüphelenir? Polis şaşırmış durumda, en ufak bir ipucu bile elde edemediler. Suçu hayvanın işlediğini anlamış olsalar bile benim cinayetlere tanık olduğumu ispatlayamazlar, ispatlasalar bile suçlayamazlar. Her şeyden önce beni biliyorlar. İlanı veren kişi, hayvanın sahibi olarak beni tanımlıyor. Bu kişinin başka neler bildiğinden emin değilim. Benim olduğu bilinen böylesine değerli bir malı almazsam, hayvanı şüpheye açık bir durumda bırakmış olurum. En iyisi ilanı yanıtlayıp orangutanı almak ve mesele yatışana dek onu gözlerden uzak tutmak."

Bu sırada merdivenden birinin çıktığını duyduk.

"Tabancanı hazır et," dedi Dupin. "Ama sana işaret verene dek kullanma ve gösterme."

Binanın dış kapısı açık olduğundan ziyaretçimiz zili çalmadan içeri girmiş ve merdivenden birkaç adım çıkmıştı. Ama şimdi sanki kararsızlığa düşmüş gibiydi. Hemen ardından indiğini duyduk. Dupin hızla kapıya yönelmişti ki, adımların tekrar yukarıya yöneldiğini işittik. İkinci defa geri dönmedi, kararlılıkla yukarı ilerledi ve dairemizin kapısını çaldı.

"Girin," dedi Dupin, neşeli ve içten bir sesle.

Adamın biri içeri girdi. Belli ki denizciydi; uzun boylu, güçlü görünüşlü ve yüzündeki bir cesaret ifadesiyle, aslında çok da sevimsiz olmayan biriydi. Bıyık ve favorileri, güneşte epeyce yanmış yüzünün büyük kısmını saklamaktaydı. Elindeki kocaman, meşe sopayı saymazsak silahsız gözüküyordu. Tuhaf bir selamlayıştan sonra bize, "İyi akşamlar," dedi. Fransız aksanı vardı, aslında biraz Neufchâtel havası olsa da, aksanı adamın Paris kökenli olduğunu belirtmeye yeterliydi.

"Oturun, dostum," dedi Dupin. "Yanılmıyorsam orangutan için geldiniz. Böyle hoş ve oldukça değerli bir hayvanınız olduğu için sizi adeta kıskanıyorum. Kaç yaşında acaba?"

Adam, dayanılamaz bir sıkıntıdan kurtulmuşçasına derin bir nefes aldı ve ardından kendine güvenen birinin ses tonuyla yanıtladı:

"Tam söyleyemiyorum ama dört beş yaşından büyük değildir. Onu burada mı tutuyorsunuz?"

"Ah, hayır. Onu barındırmaya elverişli yerimiz yok burada. Dubourg Caddesi'ndeki düzgün bir ahırda, yakında yani. Onu tanımlayabilirsiniz, değil mi?"

"Oh, eminim ki tanımlayabilirim, bayım."

"Ondan ayrılacağıma üzülüyorum," dedi Dupin.

"Bunca sıkıntıya bir hiç uğruna katlanmanız olmaz, bayım," dedi adam. "Böyle bir şey beklemiyorum. Hayvanı bulduğunuz için sizi ödüllendirmek isterim, yani makul sınırlar içerisinde."

"Evet..." diye yanıtladı arkadaşım. "Söylediğiniz elbette doğru. Bir düşüneyim... Ödül olarak ne alsam yeridir? Diyeceğim o ki... Ödülüm şey olmalı... Morgue Sokağı'ndaki cinayetlerle ilgili bildiğiniz her şeyi anlatmanız."

Dupin son sözlerini kısık bir sesle ve oldukça sakin tonda söylemişti. Yine aynı sakinlikle kapıya gitti, kapıyı kilitledi ve anahtarı cebine koydu. Sonra göğsünden tabancasını çıkardı ve hiç telaş etmeden masaya koydu.

Denizcinin yüzü sanki boğuluyormuşçasına kızardı. Birden ayağa fırlayıp sopasına davrandı ama bir sonraki an sandalyesine çöktü; şiddetle titriyordu ve yüzüne ölüm beyazlığı gelmişti. Tek kelime bile etmedi. Tüm kalbimle acıyordum ona.

"Dostum," dedi Dupin, nazik bir sesle. "Gerçekten gereksiz yere paniğe kapılıyorsunuz. Size zarar vermek niyetinde değiliz. Bir centilmen ve bir Fransız olarak yemin ederim ki size kötülük etmeyeceğiz. Morgue Sokağı'nda yaşanan vahşette masum olduğunuzun pek tabii farkındayım. Ama bu, sizin işe bulaşmadığınız anlamına da gelmiyor. Şimdiye kadar söylediklerimden konu hakkında epey bilgi sahibi olduğumu, ki bu bilgileri sizin hayal bile demeyeceğiniz yollardan edindim, anlamışsınızdır. Mesele şu ki, pişman olmanızı gerektiren hiçbir şey yapmadınız; gerçekten de suçlanmanızı gerektiren bir şey yok. Rahatlıkla hırsızlık yapabileceğiniz halde hırsızlığa da kalkışmamışsınız. Saklanmanızı gerektiren bir durum yok. Gizlenmenizi gerektiren herhangi bir neden yok. Bir diğer taraftan da onur, sizi bildiğiniz her şeyi anlatmak zorunda bırakıyor. Sizin failini gösterebileceğiniz bir suç yüzünden masum bir kişi tutuklanmış durumda."

Dupin bu sözleri söylerken denizci büyük ölçüde kafasını toparlamış olsa da ilk baştaki özgüveninden eser kalmamıştı.

"Tanrım, bana yardım et!" dedi az bir duraksamadan sonra. "Bu konuyla ilgili bildiğim her şeyi anlatacağım size; gerçi yarısına bile inanmanızı beklemiyorum ya... Bunu beklemek tam bir saflık olur. Yine de masumum ve idamıma neden olsa bile meseleyi size açıkça anlatacağım."

Anlattıklarının özü şuydu: Yakın zamanda Doğu Hint Adaları'na bir yolculuk yapmış. Kendisinin de içinde bulunduğu bir grup denizci Borneo Adası'na çıkmış ve zevk olsun diye iç kısımlara doğru dolaşmaya çıkmışlar. Bir arkadaşıyla birlikte bu orangutanı yakalamışlar. Arkadaşının ölümü üzerine hayvanın mülkiyeti tek kendisine kalmış. Dönüş yolunda hayvanın vahşi doğası yüzünden büyük sıkıntılar çektikten sonra onu sağ salim Paris'teki evine yerleştirmeyi başarabilmiş. Komşuların gereksiz merakına maruz kalmamak için onu kimseye göstermemiş. Hayvanı, teknedeyken ayağına batan kıymığın yarası geçene kadar tutup sonra satmak niyetindeymiş.

Bir gece, ki cinayetlerin işlendiği sabah da diyebiliriz, denizcilerle geçirdiği bir eğlenceden sonra evine döndüğünde, kapatıldığı bitişik odada olması gereken hayvanı kendi yatak odasında bulmuş. Hayvan elinde ustura, yüzü tıraş sabunu içinde aynanın karşısına geçmiş, tıraş olmaya çalışıyormuş; belli ki sahibini daha önce tıraş olurken bitişik odanın anahtar deliğinden seyretmiş. Böyle vahşi bir hayvanın elinde, kullanabileceği böylesi tehlikeli bir alet görünce adam birkaç saniye ne yapacağını bilememiş. Adam sonunda, hayvanı en vahşi anlarında bile sindirebilen kamçısına yönelmiş. Orangutan kamçıyı görünce hemen daireden dışarı fırlamış, merdivenden aşağı inmiş ve maalesef o sırada açık olan, caddeye bakan bir pencereden dışarı çıkmış.

Fransız endişe içinde, hâlâ elinde ustura bulunan maymunun peşine düşmüş; hayvan uzaklaştıktan sonra sahibine dönüp el kol hareketleri yapıyor, adam yaklaşınca tekrar kaçıyormuş. Takip bu şekilde epey süre devam etmiş. Neredeyse saat sabahın üçü olduğundan, caddelerde kimsecikler yokmuş. Morgue Sokağı'nın arkasındaki dar bir caddeden geçerken, binanın dördüncü katından, Bayan L'Espanaye'nin odasından gelen parlak ışık, kaçak hayvanın dikkatini çekmiş. Binaya yönelince paratoneri görmüş, olağanüstü bir çeviklikle yukarı tırmanmış ve ardına kadar açık panjuru yakalayıp türüne özgü bir zıplayışla kendini yatağın başucuna fırlatmış. Bütün bu olaylar bir dakikadan kısa sürmüş. Orangutan içeri girerken panjuru tekmelediğinden, pencere tekrar açılmış.

Denizci bu olay üzerine hem sevinmiş hem de endişelenmiş. Artık hayvanı yakalayabileceğini umuyormuş, çünkü kendi kendini soktuğu bu tuzaktan —paratoner üzerinden başka bir yöne gitmesi dışında— herhangi bir kaçışı yokmuş. Öte yandan, evde yapabilecekleri konusunda endişelenmiş ve kaçak hayvanın peşinden gitmeye karar vermiş. Denizci olduğundan paratonerden kolaylıkla tırmanmış, ancak epey uzağında kalan, sol tarafındaki pencereye kadar çıktıktan sonra zorlanmaya başlamış ve o noktadan sonra, başını uzatıp odanın içinde olanlara bakabilmekten başka bir şeye gücü yetmemiş. Gördükleri onu öylesine dehşete sürüklemiş ki, neredeyse düşecekmiş. Morgue Sokağı sakinlerini uykularından kaldıran korkunç çığlıklar da tam o an başlamış. Bayan L'Espanaye ve kızı, üzerinde gece giysileri, odanın ortasına kadar çekilmiş olan demir kasadaki kâğıtları düzenlemekle meşgullermiş. Kasa açıkmış ve kâğıtlar da yerdeymiş. Hayvanın odaya girişiyle kadın çığlıkları arasında belli bir süre geçtiğine göre, büyük olasılıkla kadınların sırtı pencereye dönükmüş ve hayvanın girişini hemen fark etmemişler; panjurun kapanışını da rüzgâra yormuşlardı.

Denizci içeri baktığında, koca hayvan Bayan L'Espanaye'i saçından tutmuş, (henüz yeni taradığından kadının saçları açıkmış) bir berber gibi usturayla kadının yüzünü tıraş ediyormuş. Genç L'Espanaye baygınlık geçirdiğinden, hareketsiz, yerde uzanmaktaymış. İhtiyar kadının çığlıkları ve debelenişleri (saçları bu sırada kopmuş), orangutanın ilk amacından vazgeçip öfkelenmesine neden olmuş ve kaslı kolunun tek bir hareketiyle kadının boynunu öyle bir kesmiş ki, kadının başı neredeyse gövdesinden ayrılıyormuş. Kanı görmesiyle hayvanın öfkesi çılgınlığa dönüşmüş. Dişlerini gıcırdatarak ve gözlerinden alev saçarak genç kızın üzerine atlayıp korkunç pençelerini boğazına geçirmiş ve kız boğulana kadar sıkmış. Hayvanın etrafı süzen çılgın bakışları yatak başına yönelmiş ve sahibinin dehşet içindeki yüzünü görmüş. Kamçıyı anımsayınca hayvanın çılgınlığı korkuya dönüşmüş. Cezalandırılmayı hak ettiğini bilerek, yaptığı kanlı işleri saklamaya, odada deli gibi koşuşturmaya başlamış; mobilyaları etrafa saçması, kırması ve yatağı kanepeden ayrılması da bu sırada olmuş. Sonuçta genç kızın cesedini, sonradan bulunacağı şömine bacasına tıkmış ve ihtiyar kadının cesedini de aceleyle alıp pencereden aşağı atmış.

Maymun, yaptığı işlerin ağır suçluluk yüküyle pencereye doğru yaklaşınca denizci de korkarak paratonere yönelmiş, aşağı inmekten çok kayarak caddeye çıkmış ve eve koşturmaya başlamış. Katliamın feci sonuçlarından korktuğundan orangutana ne olacağına boşvermiş. Merdivenden çıkanların duyduğu seslerse, Fransızın korku ve dehşet ifadeleriyle, hayvanın şeytani çığlıklarıymış.

Bunlara ekleyecek fazla sözüm yok. Orangutan, kapının kırılmasından biraz önce paratonerden inerek kaçmış olmalı. Pencerenin kapanmasına da atlarken neden olmuştur. Sonuçta sahibi orangutanı yakaladı ve iyi bir miktar para karşılığı Jardin des Plantes'e sattı. Polis Şefinin bürosunda olayı anlatınca (Dupin'in bazı yorumları da işin içine girmişti) Le Bon'u hemen serbest bıraktılar. Komiser, her ne kadar dostuma nazik davranmış olsa da, meselenin böyle sonuçlanmasından kaynaklanan sıkıntısını tamamen gizleyemedi ve herkesin kendi işiyle meşgul olması gerektiğine dair iğneleyici bir-iki söz etmekten geri kalmadı.

Bunlara yanıt verme gereği duymayan Dupin, "Bırak konuşsun," dedi. "Bırak nutuk atsın, vicdanını rahatlatsın. Onu kendi kalesinde yenmiş olmak bana yeter. Gizemi çözememiş olması, sandığı kadar şaşılası bir durum değil; komiser dostumuz aslında derin olamayacak kadar kurnaz biri. Onun bilgeliğinde yaratıcılık yok. Tanrıça Laverna'nın* resimleri gibi bedensiz baştan ibaret ya da en iyi olasılıkla morina balığı gibi yalnız baş ve omuzlardan ibarettir. Aslında iyi bir yaratıktır. Onu özellikle, boş konuşmasından dolayı takdir ederim; zaten kendisi de bu konuda epey isim yapmıştır. Hani, *de nier ce qui est, et d'expliquer ce qui n'est pas*** derler ya..."

---

* Eski Roma dinsel inançlarında hırsızlar ve sokakta yaşayanların koruyucu tanrıçası. (Ç.N.)

** Alıntı Jean-Jacques Roussseau'nun *Julie ya da Yeni Héloïse*'indendir. "Görünür olanı yadsıyıp görünmez olanı açıklamak" anlamındadır.

Marie Rogêt Gizemi
Morgue Sokağı Cinayetleri'nin Devamı

Gerçek olaylar zinciriyle ideal olay zinciri birbirine paralel ilerler; bu ikisi nadiren kesişir. Olayların ideal gelişimine insanlar ve şartlar müdahale ettiklerinden kusurlu görünür, sonuçları da aynı derecede kusurludur. Bu yüzden Reform Hareketi sonucunda Protestanlık geleceğine Lütercilik geldi.

Novalis'in ***Morale Ansichten****'inden*

En serinkanlı düşünürler arasında bile zihnin herhangi bir rastlantı deyip geçemeyeceği muhteşem rastlantılar karşısında, doğaüstüne belirsiz ama heyecanlandırıcı bir "yarı-inanç" duymamış kişi azdır. Bu hislerden —yani "yarı-inanç"tan bahsediyorum, zira bunlar hiçbir zaman düşünce'nin gücünü barındırmazlar— şans öğretisine ya da resmi adıyla Olasılık Hesabına başvurulmadıkça kurtulması güçtür. Bu hesap, yapısı itibarıyla tamamen matematikseldir; dolayısıyla en katı bilimsel disiplini, soyutun gölgeli ve ruhsal varsayımlarında kullanmanın getirdiği bir ilginçlikle karşı karşıyayız.

Şimdi kamuoyuna mal edeceğim sıradışı ayrıntıların esas itibarıyla, zamandizinsel olarak pek açıklanamayan bir dizi rastlantı sonucu oluştuğu görülecektir; ikincil ve son etken ise, tüm okuyucular tarafından New York'taki MARY CECILIA ROGERS cinayetinde fark edilecektir.

Bir yıl kadar önce dostum Şövalye C. Auguste Dupin'in bazı olağandışı zihinsel özelliklerinden söz etmeye çalıştığım *Morgue Sokağı Cinayetleri* adlı yazımı kaleme alırken, aynı konuya tekrar döneceğimi hiç düşünmemiştim. Planım bir karakteri anlatmaktı ve Dupin'in mizacını ortaya çıkaran vahşi olaylar zinciri sayesinde amacına tamamıyla ulaştı. Başka örnekler de ekleyebilirdim ama anlatmak istediğim şeyi yeterince ispatlamıştım. Ancak beklenmeyen gelişmelerle oluşan yeni olaylar, zorunlu itirafları da andıran bazı şaşırtıcı ayrıntılarla karşılaşmama neden oldu. Son duyduklarımdan sonra, önceden duyup gördüklerim hakkında sessiz kalmam elbette tuhaf kaçardı.

Şövalye, Bayan L'Espanaye ile kızının ölümüne neden olan trajediyi çözdükten sonra meseleyle ilgisini kesmiş ve tekrar karamsar düşlerine dönmüştü. Ben de her zaman toplumdan soyutlanmaya açık olduğumdan, hiç zorluk çekmeden onun ruh haline uyum sağlamıştım. Faubourg St. Ger Main'deki dairemizde kalmaya devam ediyorduk; geleceği düşünmüyor, günlerimizi sakince pinekleyerek geçiriyor, etrafımızdaki monoton havayı düşlere dalarak dağıtıyorduk.

Ama bu düşler tamamen kesintisiz sürmüyordu. Morgue Sokağı dramında dostumun oynadığı rol, Paris Polisinin dikkatinden kaçacak gibi değildi ve Dupin ismi gündelik konuşmalarının bir parçası haline gelmişti. Gizemi çözmesini sağlayan çıkarımlarının basit yapısını ne

Polis Şefine ne de benim dışımda herhangi başka birine açıklamadığından, olaya bir mucize şekilde bakılmasına ya da analitik yeteneği sayesinde Şövalye'nin sezgi gücü kazandığının düşünülmesine şaşmamak gerekir. Aslında açıksözlülüğü, konuyu araştıran birini bu tarz önyargılardan kurtarabilirdi; ancak üşengeç doğası, artık ilgilenmediği bir konu hakkında herhangi bir eylemde bulunmasını engelliyordu. Sonuçta polislerin ilgi odağı haline gelmişti ve karakol adına bakması istenen davaların sayısı hiç de az değildi. En dikkat çeken örneklerden biriyse Marie Rogêt adlı bir genç kızın öldürülüşüydü.

Bu vaka, Morgue Sokağı vahşetinden iki yıl sonra meydana gelmişti. Marie —adı ve soyadının talihsiz "sigara satıcısı" kıza benzerliği hemen dikkat çekecektir— Estelle Rogêt'in tek kızıydı. Baba, kızı küçük çocukken ölmüştü; adamın vefatından konumuz olan cinayetin vuku bulmasından on sekiz ay öncesine dek, anne kız Pavée Saint Andrée Caddesi'nde yaşamışlardı. Anne, kızın da yardımıyla orayı bir pansiyon olarak işletiyordu. Kız yirmi iki yaşına basıncaya ve güzelliği, müşterileri o mahallede takılan maceraperestlerden oluşan, Palais Royal'in zemin katında dükkânı olan bir parfümcünün dikkatini çekinceye kadar işleri yolunda gitti. Bay Le Blanc, Marie'nin dükkâna sağlayacağı yararın farkındaydı ve cömert teklifi, Anne'nin bazı tereddütleri olsa da, kız tarafından hevesle kabul edilmişti.

Dükkân sahibinin öngörüsü çok geçmeden doğrulandı ve mekân, cilveli kızın güler yüzlülüğü sayesinde popülerleşti. İşvereninin emrinde çalışmaya başlayalı bir yıl olmuştu ki, hayranları kızın aniden dükkândan kayboluşuyla şaşkına döndüler. Bay Le Blanc kızın yok oluşuna dair bir şey söyleyemiyordu, Bayan Rogêt ise endişe ve korkudan çılgına dönmüştü. Gazeteler konuya eğilmişti ve tam polis geniş çaplı bir soruşturma başlatacaktı ki, bir haftalık kayboluştan sonra Marie, güzel bir sabah, sağlığı yerinde ama biraz hüzünlü bir havayla dükkânın her zamanki köşesinde belirdi. Aile içinde yaşanan dışındaki tüm soruşturmalar elbette ki kapandı. Bay Le Blanc, önceden yaptığı gibi, konuya ilgisizliğini ifade etti, Marie ve Hanımefendi ise tüm soruları, 'bütün geçen haftanın taşrada yaşayan bir akrabanın yanında geçirildiği' şekilde yanıtladılar. Böylece mesele kapandı ve genel anlamda unutuldu; kızsa, görünüşte ilgiden kaynaklanan saygısızlıktan kurtulmak amacıyla parfümcüye elveda deyip Pavée Saint Andrée Caddesi'ndeki ana evine sığındı.

Eve dönüşünün üzerinden beş ay geçmişti ki, ikinci kez gözden kaybolması üzerine arkadaşları paniğe kapıldı. Üç gün geçmiş ve hiçbir haber alınamamıştı. Dördüncü gün cesedi Sen Nehri'nde, Saint Andrée Caddesi havalisinin karşı kıyısındaki bir kenar mahalle olan Barrière du Roule'dan çok da uzak olmayan bir noktada yüzerken bulundu.

Cinayetin vahşeti (cinayet olduğu hemen anlaşılmıştı), kurbanın gençliği, güzelliği ve hepsinden de etkili olarak önceki şöhreti bir araya gelince, duyarlı Parislilerin zihninde ciddi bir heyecan oluştu. Böylesi genel ve yoğun bir etkide bulunmuş başka bir vaka hatırlamıyorum. Hatta birkaç hafta bu olayın konuşulması nedeniyle günün önemli politik meseleleri bile unutuldu. Polis Şefi olağandışı çaba sarf etmişti ve tüm polis teşkilatı hiç izinsiz çalıştırılıyordu.

Soruşturma hemen başlatıldığından, cesedin bulunduğu ilk günlerde katilin uzun bir süre kaçamayacağı düşünülmüştü. Olay üzerinden bir hafta geçtikten sonra ödül konulması gerekli hale gelmişti ama konulan ödül de ancak bin frank kadardı. Bu sıra soruşturma, herhangi bir karara varılamasa da hızla devam ediyordu ve pek çok kişi gereksiz yere sorgulanmıştı. Herhangi bir ipucunun bulunamaması ise genel ilginin daha da artmasına neden oldu. Onuncu günün sonunda ödülün iki katına çıkarılmasının uygun olacağı kararlaştırıldı ancak herhangi bir ilerleme sağlanamadan ikinci hafta da geçince, Parisliler arasında önceden beri var olan polis önyargısı kendini ciddi olarak göstermeye başladı. Bunun üzerine bizzat Polis Şefi, "katilin" ya da birden fazla olmaları halinde, "katillerin hüküm giymesine yol açacak" bilgi için yirmi bin franklık bir ödül vaat etti. Bu ödülle birlikte, ortağı aleyhine ifadede bulunacak işbirlikçiye "tam af" garantisi verildi, bildiri görülecek yerlere asıldı, ayrıca bir vatandaşlar birliği örgütü de Polis Şefi'nin ödülüne ek olarak on bin frank daha vereceğini açıkladı. Böylece tüm ödül otuz bin frankı bulmuştu; kızın naçizane finansal durumunu ve bu tarz vahşiliklerin büyük şehirlerde sıklıkla yaşandığını göz önünde bulundurursak, bunun epey yüksek bir meblağ olduğu anlaşılacaktır.

Artık cinayetin gizeminin hemen açığa kavuşacağından kimsenin şüphesi yoktu. Konuyu aydınlatacağı düşünülen birkaç tutuklama yapıldıysa da, şüphelilerin olayla ilgili olduğunu gösterecek herhangi bir delil bulunamadığından bu kişiler salıverildi. Toplumu bu derece rahatsız etmiş bir konu, —ilginç görünebilir ama ancak cesedin bulunuşunun üzerinden üç hafta geçtikten sonra— hiçbir ipucu bulunamamış ve ancak bir söylenti halinde benim ve Dupin'in kulağına ulaştı. Tüm dikkatimizi, bizi alıp götüren araştırmalara yönelmiştik ve dışarı çıkmayalı, konuk gelmeyeli ya da önemli siyasi haberlere şöyle bir göz atıp gazeteyi kenara bırakmayalı neredeyse bir ay olmuştu. Cinayeti ilk olarak bizzat G--'nin kendisinden duymuştuk. 13 Temmuz 18--'de öğleden sonra gelmiş ve akşam geç saatlere kadar kalmıştı. Onca çabasına rağmen katilleri bulamamış olduğundan morali bozuktu. İtibarı —bunu tam bir Parisli edasıyla söylemişti— tehlikedeydi. Hatta onuru bile söz konusuydu. Kamuoyunun gözleri üstündeydi ve gizemin çözülmesi için yapmayacağı fedakârlık yoktu. Tuhaf denilebilecek nutkunu, "Dupin'in inceliğinden" söz etmenin kendisi için bir onur olduğunu söyleyerek sonuçlandırdı ve ona, kendimde tutarını açıklama serbestliğini bulmadığım ve öykümüz açısından da çok önemi olmayan cömert bir ödül vadetti.

Dostum ödüle elinden geldiğince itiraz etti ama getirisi belirsiz olan teklifi kabul etti. Bu mesele halloldoktan sonra Şef, henüz elimizde bulunmayan delilleri de araya serpiştirerek hemen kendi görüşünü anlatmaya başladı. Epey anlatmıştı ve şüphesiz oldukça bilgiliydi de, bense arada bir yorumda bulunmuştum; çökmekte olan gece bizi yormuştu. Dupin her zamanki koltuğunda oturmaktaydı ve saygılı bir sessizlik içindeydi. Bütün konuşma boyunca gözlükleri takılıydı ve camlarının ardına attığım ufak bir bakış beni, onun mışıl mışıl uyuduğuna inandırmaya yetti; zaten Şefin gidişinden önceki yedi sekiz ağır geçen saat boyunca da sessizdi.

Sabahleyin, karakola gidip bulunabilmiş tüm kanıtlarla ilgili tam bir rapor aldım ve gazetelerden de bu üzücü olayla ilgili çıkmış işe yarar ne varsa topladım. Aksi kesin kanıtlanmışlardan sonra kalan bilgi yığını şöyleydi:

Marie Rogêt, annesinin Pavée Caddesi, St. Andrée'de bulunan evinden 22 Haziran 18-- günü saat dokuz civarı ayrılmış. Çıkarken yalnızca Jacques St. Eustache adlı bir beyi, günü Drômes Caddesi'nde ikamet eden teyzesinde geçirme niyetinde olduğundan haberdar etmiş. Kısa, dar ama oldukça işlek bir cadde olan Drômes nehir kıyısından çok uzakta değildir ve en kestirme yoldan gidildiğinde bile Bayan Rogêt'in pansiyonundan iki mil kadar uzaktadır. Pansiyonda kalan ve yemeklerini de orada yiyen St. Eustache, Marie'nin kabul görmüş talibiydi. Günbatımında nişanlısını almaya gidecek ve ona eve kadar eşlik edecekti. Ancak, öğleden sonra şiddetli yağmur başlayınca Marie'nin o gece teyzesinde kalacağını düşünerek (daha önce benzeri durumlarda kalmıştı) sözünü tutma gereği görmedi. Gece çöktükçe Bayan Rogêt'in (yetmiş yaşında dermansız, yaşlı bir kadın) "Marie'yi bir daha asla görememekten" korktuğunu dile getirdiği duyuldu ama bu endişe o sırada pek ilgi çekmedi.

Pazartesi kızın Drômes Caddesi'ne hiç uğramadığı anlaşıldı; gün boyunca da kendisini kimse görmeyince şehrin çeşitli noktalarında ve banliyölerde hantal bir araştırma başlatıldı. Ancak dördüncü güne kadar kızın kayboluşuyla ilgili tatmin edici herhangi bir bilgiye ulaşılamadı. Dördüncü gün (25 Haziran Çarşamba) bir arkadaşıyla Marie hakkında araştırma yapan Bay Beauvais, bazı balıkçılardan, Sen Nehri'nin Pavee Caddesi, St. Andrée'nin karşı kıyısında, Bariére du Roule'ye yakın bir mevkide, suda yüzen bir cesedin az önce karaya çıkartıldığını öğrenir. Bedeni gören Beauvais, biraz tereddütten sonra kızı, parfümcü kız olarak teşhis eder. Beauvais'in arkadaşıysa kızı daha hızlı teşhis eder.

Yüzü, bir kısmı ağzından gelmiş olan koyu renk kanla kaplanmıştı. Boğulma vakalarında rastlanan köpüklenmeye rastlanmamıştı. Hücre dokularında renksizleşme yoktu. Boğaza gelirsek, morluklar ve parmak izlerini andıran noktalar vardı. Kollar göğsün üstüne bükülmüştü ve kaskatıydı. Sağ el kapalı, sol else yarı açıktı. Sol bileğinde, derisi yuvarlak şekilde aşınmıştı; belli ki iplerin ya da birden çok defa dolanmış ipin izleriydi bunlar. Sağ bilek dışında belde, özellikle kürek kemiğinde sıyrıklar vardı. Gerçi balıkçılar cesedi karaya çıkarırken ipe bağlamışlardı ama sıyrıkların nedeni bu bağlama değildi. Boyun eti epey şişmişti. Görünüşte herhangi bir kesik ya da darbe sonucu oluşmuş bir morluk yoktu. Boynundaki bağcık o kadar sıkı bağlanmıştı ki etin içine gömülmüştü ve gözden kaçıyordu, bu, sol kulağın tam altına atılan bir düğümle bağlanmıştı. Yalnız bu bile ölmesi için yeterliydi. Tıbbi rapor, merhumun erdemli karakterini kesin olarak belirtiyordu. Ayrıca vahşi şiddete maruz kaldığından bahsediyordu. Ceset bulunduğunda öyle bir haldeydi ki, arkadaşları teşhis etmekte zorlanmamıştı.

Kıyafeti ya yırtılmış ya da başka bir şekilde biçimsizleşmişti. Dış giysisi, otuz santim kadar şerit biçiminde yırtılmış ama kopartılmamış, beline üç kez dolandıktan sonra bir düğümle arkasından bağlanmıştı. Giysisinin alt bölümündeki kumaş kaliteli muslindi; bu kumaştan ise on sekiz parmak kadar bir parça tamamen kopartılmıştı: Oldukça düzgün bir şekilde ve büyük bir dikkatle. Bu parça kızın boynuna gevşekçe bağlanmış ama sıkıca düğümlenmişti. Muslin parçaya ve düğümün üzerine bir kepin şeritleri bağlanmış, kep de sona eklenmişti. Atılan düğüm bir kadın işi değil, denizci düğümüydü.

Ceset, incelendikten sonra alışıldığı gibi morga götürülmedi (bu usul gereksiz görülmüştü); onun yerine, karaya çıkartıldığı noktadan çok da uzak olmayan bir yere aceleyle gömüldü. Beauvais'in çabalarıyla konu mümkün olabilecek en hızlı şekilde hasıraltı edildi, herhangi bir halk tepkisi oluşana dek birkaç gün geçti. Ancak haftalık bir gazete meseleyi etraflıca ele alınca ceset çıkartılıp tekrar incelendiyse de öncekilere ek bir şey bulunamadı. Ama bu sefer merhumenin giysileri annesi ve arkadaşlarına gösterildi; onlar da, kızın kaybolduğu gün bunları giydiği konusunda kesin teşhiste bulundular.

Bu sırada, her geçen saat heyecan artıyordu. Pek çok kişi tutuklanıp serbest bırakıldı. Özellikle de St. Eustache zan altındaydı; Marie'nin evden ayrıldığı Pazar günü kendisinin nerede olduğu hakkında ilk başta ayrıntılı bilgi veremedi. Ancak daha sonra Bay G--'ye verdiği yazılı ifadede merak edilen her saat için tatmin edici bir açıklama getirdi. Zaman geçip de herhangi bir şey bulunamayınca ortalıkta birbiriyle çelişen pek çok söylenti dolaşmaya başladı; gazeteciler de tahminlerde bulunmayı kendilerine iş edindiler. Bu tahminlerden en dikkat çekici olanı, Marie Rogêt'in halen sağ ve Seine'de bulunan cesedin de bir başka talihsiz kıza ait olduğunun öne sürüldüğü savdı. Sözü edilen savdan birkaç alıntı yapmak uygun olacaktır. Aşağıdaki paragraf, geniş dağıtımlı *L'Etoile* gazetesinde yayınlanan yazıdan birebir çeviridir:

> Bayan Rogêt 22 Haziran 18-- Pazar sabahı, görünürde teyzesine ya da Drômes Caddesi'ndeki başka bir akrabasına gitmek amacıyla, annesinin evinden ayrıldı. O saatten sonra kendisini gören kimse bulunamadı... Hatta herhangi bir ize ya da söylentiye bile rastlanmadı. Ana evinden ayrıldığı günden sonra da onu gördüğünü iddia eden hiç kimse çıkmadı... Gerçi 22 Haziran Pazar sabahı saat dokuzdan sonra canlılar âleminde olduğuna dair elimizde kanıt olmasa da, o saate kadar sağ olduğunu biliyoruz. Çarşamba günü öğlen on ikide, Barrière du

Roule sahilinde yüzen bir kadın cesedi bulundu. Marie Rogêt'in evden ayrıldıktan üç saat sonra nehre atıldığını varsayarsak, bu ancak üç günlük -tamı tamına üç günlük- bir zamana denk gelecektir. Ayrıca cinayetin, eğer kız bir cinayete kurban gitmişse, katillerin cesedi gece yarısından önce nehre atabileceği kadar erken bir saatte işlendiğini düşünmek de saflık olacaktır. Böylesi korkunç suçları işleyenler, aydınlıktan çok karanlığı tercih ederler... Öyleyse, nehirde bulunan ceset Marie Rogêt'inse, ancak iki buçuk ya da en fazla üç gün suda kalmış olabilir. Tüm deneyimler boğulan ya da öldürüldükten hemen sonra suya atılan cesetlerin ancak sekiz ila on günlük bir çürümeden sonra tekrar su yüzüne çıkabileceğini göstermiştir. Hatta cesede bir gülle atıldığında bile, gövde beş altı günlük bir beklemeden önce su yüzüne çıkarsa, müdahale edilmediğinde tekrar batar. Şimdi soruyoruz: Bu vakada ne oldu da doğanın düzeni değişti?...

Eğer ceset darp edilmiş şekilde Salı gününe kadar kıyıda tutulmuş olsa, mutlaka katillere dair bazı izlere rastlanırdı. Cesedin bu kadar erken su yüzüne çıkmasının yanı sıra ölümünden iki gün geçtikten sonra cesedin nereden suya atıldığı da şüpheli bir nokta. Buna ek olarak böylesi bir cinayeti işleyen zalimlerin cesede herhangi bir ağırlık bağlamamış olmalarını düşünmek de, kolaylıkla öyle bir önlem alabilecekleri düşünüldüğünde, gerçekten olası değil.

Gazeteci daha sonra, cesedin "üç gün değil, en az bunun üç katı kadar" suda kaldığı iddiasıyla devam ediyor, bunu da cesedin Beauvais'in teşhis etmekte zorlanacağı kadar çürümüş olmasına bağlıyordu; ancak sonradan bu son noktanın doğru olmadığı kesin bir şekilde kanıtlandı. Çeviriye devam ediyorum:

> O halde, cesedin kesinlikle Marie Rogêt'e ait olduğunu söyleyen Bay Beauvais'in dayandığı olgular neydi? Elbisenin kol kısmını yırtıp da bileğindeki kesikleri görünce kızın kimliği konusunda tatmin olduğunu söylüyor. Kamuoyu, genelde bu izlerin bir çeşit yara izini işaret ettiğini düşündü. Hâlbuki Beauvais kolu sıyırıp orada kıl görmüş -akıl buna benzer pek çok muğlak neden üretebilir-, ayrıca kolda kıl bulmak, elbisenin altında kol bulmak kadar sonuçlandırıcılığı düşük bir bulgu. Bay Beauvais o gece geri dönmedi ama Çarşamba akşamı saat yedide, kızıyla ilgili soruşturmanın halen devam ettiğine dair Bayan Rogêt'e haber gönderdi. Bayan Rogêt'in, yaşlılığı ve tasasından dolayı cesede bakmaya gitmediğini düşünsek (ki bu da epey zorlama bir düşünce) bile, cesedin Marie'ye ait olduğunu düşünüyorlarsa, soruşturmaya yardımcı olmak amacıyla oraya gidecek en azından biri çıkardı. Kimse gitmedi. Paveé St. Andreé Caddesi'nde kimse bu olayı konuşmadı, konuşulduğunu duymadı; aynı apartmanda yaşayanlar dâhil. Kızın annesinin evinde yaşayan sevgilisi ve müstakbel eşi Bay St. Eustache, ertesi sabah Bay Beauvais dairesine gelip kendisini bilgilendirene dek cesedin bulunduğundan haberi olmadığını ifade etmişti. Böylesi bir haberi haddinden fazla sakin karşılamış gibi geliyor bize.

Makale, Marie'nin akrabalarının, cesedin Marie'ye ait olduğuna inansalar bile meseleye kayıtsız yaklaştıkları izlenimini uyandırmaya çalışıyordu. Üstü kapalı olarak şunu iddia ediyordu: Marie, namusunun lekelenmesi üzerine arkadaşlarının da işbirliğiyle şehirden ayrılmıştı; bu arkadaşlar da, nehirde az çok Marie'ye benzeyen bir ceset bulunca onu, kamuoyunu Marie'nin öldüğüne inandırmak için kullanmışlardı. Ancak *L'Etoile* yine sonuca çabuk varmıştı. Sanıldığı gibi herhangi bir kayıtsızlık yoktu; ihtiyar kadın aşırı derecede halsizdi ve o kadar sarsılmıştı ki hiçbir şey yapacak durumda değildi. St. Eustache ise, haberi sakin karşılamak şöyle dursun, üzüntüden o derece kendini kaybetmişti ki Bay Beauvais bir akraba ve arkadaşını ona göz kulak olması için ikna etmiş, cesedin tekrar çıkarılması sırasında da orada bulunmasını engellemişti. *L'Etoile*'de, cesedin halk mezarlığına gömüldüğü -ki özel bir cenaze firmasının cömert teklifini aile kesin bir kararlılıkla reddetmişti- ve cenazeye aileden kimsenin katılmadığı söyleniyordu. Tüm bunların aksi kesin olarak kanıtlandı; kanımca gazete bunları, önceki tezine destek amacıyla kaleme almıştı. Gazetenin bir sonraki sayısında, bizzat Beauvais üzerinde şüphe uyandırılmaya çalışılıyordu. Yazar şöyle diyordu:

> Mesele biraz farklılaştı. Bize aktarıldığına göre, Bayan B--'nin Bayan Rogêt'in evinde olduğu bir gün, Bay Beauvais tam dışarı çıkacakken Bayan B--'ye, az sonra bir polis memurunun geleceğini, ancak kendisi dönene dek polise hiçbir şey söylememesini, meseleyi kendine bırakmasını tembihlemiş... Şu an itibarıyla, vakayla ilgili gerçekler M. Beauvais'in kafasının içindeymiş gibi görünüyor. M. Beauvais'siz tek bir adım bile atmak mümkün değil, zira ne tarafa gitseniz karşınıza o çıkıyor. Her nedense kendisi dışında kimsenin konuyla ilgili olmasını istemiyor; erkek akrabaların her birini, ilişkileri doğrultusunda, oldukça ilginç yöntemlerle bir ke-

nara itti. Anlaşılan akrabaların cesedi görmesine iyi gözle bakmıyordu.

Aşağıda yazılanlarla birlikte, Beauvais'in üzerindeki şüphe biraz daha yoğunlaştı. Kızın kayboluşundan birkaç gün önce Beauvais'in ofisine gelen bir ziyaretçi, Beauvais içerde değilken anahtar deliğinden bakarak bir gül ve gülün yakınına asılmış, üzerinde "Marie" yazan arduaz bir levha görmüş.

Gazetelerden anladığımız kadarıyla genel kanı Marie'nin gözü dönmüş bir çetenin kurbanı olduğu, bu kişilerce nehre götürüldüğü, işkence edildiği ve öldürüldüğüydü. Oldukça etkili bir gazete olan *Le Commerciel*, bu popüler kanıya cesaretle karşı çıkıyordu. Sütunlarından aldığım bir iki paragrafı aktarıyorum:

> Biz, süregiden araştırmaların Barrière Caddesi'nde yoğunlaşmasının yanlış olduğu kanısındayız. Bu kız gibi binlerce kişi tarafından tanınan birinin kimse görmeden üç blok yürümesi mümkün değildir; kaldı ki onu gören biri, herkesin ilgisini çeken bir sima olduğundan, kendisini mutlaka hatırlardı. Dışarı çıktığı zaman caddeler insanlarla doluydu... Bir düzine insan görmeden Barrière du Roule'a ya da Drômes Caddesi'ne gitmesi imkânsız; ancak ana ocağının kapısının dışında onu gördüğünü iddia eden kimse çıkmadı ortaya. Ayrıca, kızın çıkma niyetini dile getirdiğine dair ifadeler haricinde, dışarı çıktığına dair hiçbir delil yok. Elbisesi yırtılmış, arkadan dolanıp bağlanmış ve bir bohça gibi taşınmıştı; eğer cinayet Barrière du Roule'da işlenmiş olsaydı, böyle bir düzeneğe gerek kalmayacaktı. Cesedin Barrière'e yakın bir noktada yüzer halde bulunması, nereden suya atıldığı konusunda herhangi bir kanıt teşkil

etmez. Talihsiz kızın jüponlarından biri altmış santim uzunluğunda ve otuz santim genişliğinde kesilmiş, kafasının ardından dolanmış ve çenesinin altından -büyük olasılıkla çığlık atmasını önlemek için- sıkıca bağlanmıştı. Bunlar, yanında cep mendili bulunmayan kişilerce yapılmıştı.

Ancak, Şefin bizi ziyaretinden bir iki gün önce polis öylesine önemli bilgiler edinmişti ki, anlaşılan *Le Commerciel*'in tezini, en azından tezin büyük kısmını çürütüyordu. Barrière du Roule yakınlarındaki ormanlıkta gezinen, Bayan Deluc adlı bir kadının iki küçük çocuğu şans eseri, içinde sırtlığı ve ayaklığı da olan bir koltuğa benzeyen, iki-üç büyük kaya parçasından oluşan yığına rastladıkları sık bir çalılığın içine girmişler; üstteki kayanın üstünde beyaz bir jüpon, ikincisindeyse ipek bir eşarp bulunmuş. Ayrıca bir güneş şemsiyesi, bir çift eldiven ve bir de mendil. Mendilin üzerine "Marie Rogêt" harfleri işliymiş. Etraftaki çalılar arasında giysi parçaları ortaya çıkartılmış. Otlar ezilmiş, çalı dalları kırılmıştı ve yerde, bir kavga yaşandığına dair her türlü delil mevcutmuş. Çalılıkla nehir arasındaki çitlerden bir kısmının kırık olduğu görülmüş ve topraktaki izlerden, ağır bir yükün taşındığı anlaşılıyormuş.

Le Soleil adlı haftalık bir gazete, bu keşifle ilgili aşağıdaki yorumu yayınladı ki bu yorum, Paris basınının duygularının dile getirilmesinden başka bir şey değildi:

> Nesneler belli ki üç dört haftadır oradaydılar; yağmurun etkisiyle epeyce küflenmişler, pas yüzünden birbirlerine yapışmışlardı. Bazılarının üzerinde otlar bitmeye başlamıştı. Güneş şemsiyesinin ipeği sağlamdı ama şeritler birbirine girmişti. Bükülüp katlandığı üst kısmı küflenip çürümüştü ve açılınca

yırtıldı. ... Giysisinin çalılara takılarak yırtılan parçaları, yaklaşık yedi buçuk santim genişliğinde ve on beş santim uzunluğundaydı. Parçalardan biri giysinin katlanmış kıvrımındandı ve bu parça daha önce onarım görmüştü; diğer parçaysa kenardan değil, etekten bir parçaydı. Parçalar, yırtılmış şeritlere benziyorlardı, dikenli çalının üzerinde bulunmuşlardı ve yerden yaklaşık otuz santim yukardalardı... Böylece, bu korkunç vahşetin işlendiği nokta, şüpheye yer bırakmayacak şekilde bulunmuş oldu.

Bu keşiflerin ardından yeni kanıtlar ortaya çıktı. Bayan Deluc, ifadesinde Barrière du Roule'un karşısında, nehir kıyısından çok da uzakta olmayan bir yerde han işlettiğini belirtti. Burası tenha, oldukça tenha bir mahaldir. Pazarları nehri kayıkla geçerek gelen şehirli serserilerin sayfiye yeridir. Söz konusu Pazar günü, yanında esmer tenli bir adam olan genç bir kız hana gelmiş. Çift, bir süre handa kalmış. Ayrılırlarken, etraftaki sık ağaçlı bir yoldan gitmişler. Kızın elbisesi, hele eşarbı, kaybettiği bir akrabasınınkine benzediğinden Bayan Deluc'un özellikle dikkatini çekmiş. Çiftin gidişinden az süre sonra, şamatacı bir grup serseri ortaya çıkmış, ödeme yapmadan yiyip içmişler ve çiftin gittiği yola saparak ayrılmışlar; günbatımına yakın hana geri dönmüşler ve büyük bir telaş içindelermiş gibi hızla tekrar nehrin karşı kıyısına geçmişler.

Karanlık çöktükten az sonra Bayan Deluc ve büyük oğlu han çevresinden gelen bir kadın çığlığı işitmişler. Çığlıklar şiddetli ama kısaymış. Bayan D., yalnız çalılıkta bulunan eşarbı değil, ayrıca cesedin üzerindeki giysiyi de tanımış. Valence adlı bir fayton şoförü de, söz konusu Pazar günü Marie Rogêt'i kayıkla, esmer tenli biriyle beraber Seine'den geçerken gördüğünü ifade etmiş. Valence, Marie'yi başkasıyla karıştırmayacak kadar iyi tanıyormuş. Çalılıkta bulunan nesnelerin hepsi Marie'nin akrabaları tarafından teşhis edildi.

Dupin'in önerisiyle, gazetelerden topladığım kanıt ve bilgiler arasında sözünü etmediğim tek bir nokta kaldı, göründüğü kadarıyla oldukça önemli sonuçları olan bir nokta. Anlaşılan o ki, üstte sözünü ettiğim elbiselerin bulunmasından hemen sonra, artık herkesçe vahşetin yaşandığı yer olarak kabul edilen bölgede Marie'nin sözlüsü St. Eustache'ın cansız, ya da cansıza yakın haldeki bedeni bulundu. Yanında içi boşaltılmış, üstünde "afyonruhu" yazan küçük bir şişe duruyor, nefesi de zehri içtiğini doğruluyordu. Konuşamadan öldü. Üstünden, Marie'ye olan aşkından ve kendini öldürmeyi planladığından söz eden bir mektup çıktı.

Notlarımı incelemeyi bitirdikten sonra, "Bunun Morgue Sokağı'ndan çok daha karmaşık bir vaka olduğunu söylememe sanırım gerek yok," dedi Dupin. "Ama önemli bir yönüyle ondan farklı; korkunç ama tamamen sıradan bir vaka. Herhangi bir olağandışılığa sahip değil. Hatta bu yüzden kolay bir gizem olarak görüldü ki tam da bu nedenden ötürü çözümünün zor olacağı düşünülmeliydi. Zaten ilk başta ödül önerilmesi bile gereksiz görülmüştü. G--'nin yardakçıları, böylesi bir vahşetin neden ve nasıl işlenebileceğini hemen kavramışlardı. Kafalarında bir yöntem, hatta pek çok yöntem, cinayet nedeni —hatta pek çok neden— canlandırabiliyorlardı; ayrıca bu çok sayıdaki yöntem ve nedenden herhangi birinin doğru çıkması da imkânsız olmadığından, birinin doğru olduğunu kesin bir şekilde kabullendiler. Bunca olasılığın değerlendirilmesi ve her birinin de makul olması, çözüme ulaşma yolunda kolaylıktan ziyade zorluk olarak görülmeliydi. Mantığın, doğruyu ararken, sıradanlık âleminin üzerine yükselen çıkıntılar arasından yolunu bulduğunu —eğer bulabilirse tabii— ve bu tarz vakalarda 'ne oldu?'dan ziyade 'daha önce olmayan ne oldu?' sorusunu sormanın daha yerinde olduğunu önceden fark etmiştim. Bayan L'Espanaye'nin evindeki soruşturma sırasında G--'nin adamları, sıradışılık yüzünden moralsizleşmiş ve şaşalamışlardı, halbuki doğru çalışan bir akıl, bu sıradışılığı başarının kesin bir göstergesi olarak algılardı ve aynı akıl, parfümcü kız vakasındaki görünür sıradanlıktan dolayı umutsuzluğa düşebilirdi; ancak sıradanlık, Şefin adamlarına kolay bir zaferden başka bir şey ifade etmedi.

Bayan L'Espanaye ve kızının vakasında bir cinayet işlendiğine, henüz soruşturmanın başında kuşku kalmamıştı. İntihar olasılığı hemen elenmişti. Bu vakada da, daha henüz başlarken, intihar olasılığını düşünmekten kurtulmuş durumdayız. Barrière du Roule'da bulunan cesedin durumu, bu önemli noktada yanılmamız konusunda bize alan tanımıyor. Ancak, bulunan cesedin Marie Rogêt'e ait olmadığı öne sürüldü; katil ya da katillerin tutuklanışı için ödül sunulmasıysa Marie Rogêt cinayeti içindi, bizim Şefle yaptığımız anlaşma da yine bu yöndeydi. İkimiz de bu adamı iyi tanıyoruz, kendisine fazla güvenilemez. Eğer araştırmalarımızı bu ceset üzerinden başlatıp da sonra cesedin başka birine ait olduğu anlaşılırsa ya da Marie'nin yaşadığını farz edip onu öldürülmemiş şekilde bulursak, Bay G-- ile anlaşma yapmış olduğumuzdan, bu iki durumda da emeklerimizin karşılığını alamayız. Bu yüzden şurası kaçınılmaz ki, adalet adına değilse bile en azından kendi çıkarlarımız için, ilk yapmamız gereken, bulunan cesedin kimliğiyle kayıp Marie Rogêt'i eşleştirmek olmalı.

L'Etoile'daki iddia kamuoyu üzerinde etkili oldu; bunu, gazetenin konuyla ilgili bir makaleye şöyle başlamasından da anlayabiliriz: 'Pek çok sabah baskısı, *L'Etoile*'ın Pazartesi sayısındaki ikna edici iddiadan söz ediyor.' Bence makalenin ikna ediciliği, yazarının kendinden eminliğinden öteye pek geçmiyor. Ayrıca gazetelerin amacının gerçeği soruşturmaktan ziyade sansasyon yaratmak, herhangi bir iddia ortaya atmak olduğunu da aklımızda bulundurmamız gerek. Gerçeğin peşine, eğer sansasyona neden olacaksa düşülür. Olağan görüşleri tekrar eden bir yazı (her ne kadar sağlam temellere dayanırsa dayansın), kamuoyunun takdirini elde etmez. Halkın çoğu, genel kanıya sert eleştiriler yönelten kimseleri, yalnızca 'derin düşünen biri' olarak görür. Muhakemede —ki edebiyatta da bu böyledir— en hızlı ve en evrensel olarak nükte takdir görür. Ancak bu, ikisinde de en düşük erdemin seviyesidir.

Söylemek istediğim, *L'Etoile*'ın, Marie Rogêt'in halen yaşamakta olduğu fikrini mantıksal açıklamalardan ziyade, nükteler ve melodramatik öğelerin bir karışımıyla sunduğu ve kamuoyunun olumlu ilgisini böyle edindiğidir. Gazetenin iddiasının ana noktalarını, öne sürdüğü tutarsızlıklardan sakınmaya çalışarak inceleyelim:

Yazarın ilk amacı, Marie'nin kayboluşuyla nehirdeki cesedin bulunuşu arasındaki sürenin kısalığını anlatarak, o cesedin Marie'ye ait olamayacağını göstermek. Bu yüzden de, sürenin mümkün olan en kısa aralığa çekilmesi o yönde akıl yürüten biri için bir amaç haline geliyor. Bu amaca hızla varmak için de makaleye başlar başlamaz tahminlere girişiyor: 'Ayrıca cinayetin, eğer kız bir cinayete kurban gitmişse, katillerin cesedi gece yarısından önce nehre atabileceği kadar erken bir saatte işlendiğini düşünmek de saflık olacaktır,' diyor. Biz de doğal olarak hemen neden, diye soruyoruz. Neden, kızın annesinin evinden ayrıldıktan sonraki beş dakika içinde öldürüldüğünü düşünmek saflık olsun? Cinayet neden günün herhangi bir anında işlenmiş olmasın? Her saatte cinayet işlenebilir. Eğer cinayet Pazar günü sabah dokuzla gece yarısına çeyrek kala arasında herhangi bir zamanda işlenmişse 'katillerin cesedi gece yarısından önce nehre atabileceği kadar' bir zaman kalmış demektir. Bu varsayım aslında cinayetin Pazar günü işlenmediği fikrine işaret ediyor; *L'Etoile*'ın bu fikri benimsemesine izin verdik mi, her şeyi benimsemesine izin vermiş oluruz. 'Ayrıca...' ile başlayan cümlenin, *L'Etoile*'da ne şekilde duruyor olursa olsun, yazarının kafasında şu şekilde belirmiş olduğunu düşünebiliriz: 'Ayrıca cinayetin, eğer kız bir cinayete kurban gitmişse, katillerin cesedi gece yarısından önce nehre atabileceği kadar erken bir saatte işlendiğini düşünmek de saflık olacaktır; bizce bunları da, cesedin gece yarısından sonra atıldığını önermek de saflık olacaktır.' Cümle kendi içinde de oldukça tutarsız ama makaledeki cümle kadar abes değil."

"Eğer amacım," diye devam etti Dupin, "*L'Etoile*'daki iddianın bu kısmına karşıt bir görüş sunmak olsaydı, konuyu burada bırakırdım. Ama bizim meselemiz *L'Etoile*'la değil, gerçekle. Anlaşılan söz konusu cümlenin tek bir anlamı var, onu da açıkça belirttim. Sade kelimelerin ötesine geçmek, kelimelerin kullanılış amacını, açıkça dile getirilmeyen fikri açığa vurmak oldukça önemli. Gazetecinin amacı, cinayet Pazar günü gündüz de gece de işlenmiş olsa, katillerin cesedi gece yarısından önce nehre atmalarının mümkün olamayacağını söylemekti. İşte benim itiraz ettiğim nokta da tam burası. Cinayetin öyle bir tarz ve yerde işlendiği düşünülüyor ki, cesedin nehre taşınmasının gerektiği farz ediliyor. Hâlbuki ister gündüz ister gece olsun, cinayet nehir kenarında ya da bizzat nehrin üzerinde işlenmiş olabilir; sonra da ceset nehre atılmıştır, zaten o anda cesetten kurtulmanın en bariz ve çabuk yolu da budur. Bu söylediklerimin olası ya da kendi fikrim olduğunu söylemiyorum. Bu anlattıklarımın meselenin olgularıyla ilgisi yok. Yalnızca, dikkatini *L'Etoile*'ın genel tarzına ve konuya girişindeki tek yanlılığına çekmek istedim."

Kendi önyargılı sonuçlarıyla bize bir sınır çizdikten sonra, bu önyargıya dayanarak nehre atılan ceset Marie'ye ait olsa bile cesedin suda çok kısa bir süre kalmış olacağını öne sürüyor; makale şöyle devam ediyor:

> Tüm deneyimler boğulan ya da öldürüldükten hemen sonra suya atılan cesetlerin, ancak sekiz ila on günlük bir çürümeden sonra tekrar su yüzüne çıkabileceğini göstermiştir. Hatta cesede bir gülle atıldığında bile, gövde beş altı günlük bir beklemeden önce su yüzüne çıkarsa, müdahale edilmediğinde tekrar batar.

Le Moniteur dışındaki bütün Paris gazeteleri, bu iddialar karşısında sessiz kaldı. *Le Moniteur* de yalnızca beş altı vakada, boğulmuş kişilerin cesetlerinin *L'Etoile*'ın dayattığı süreden daha kısa bir zamanda yüzeyde yüzmeye başladığını yazarak, yazıdaki 'boğulan cesetler' kısmına itiraz etmeye çalıştı. Ama *Le Moniteur*'ün, *L'Etoile*'ın ana savını çürütmek amacıyla o savın istisnalarını sunması akılsızcaydı. İki-üç gün sonra su yüzeyine çıkan cesetlere beş yerine elli örnek de verilse, bizzat kuralın kendisine karşı çıkılmadıkça, bu örnekler *L'Etoile*'daki kuralın istisnaları olarak algılanacaktır. Kural kabul edildiğinde (zaten *Le Moniteur* de karşı çıkmıyor, yalnızca istisnaların üzerinde duruyor) *L'Etoile*'ın savı tam gücüyle ayakta kalmaya devam eder, çünkü *Le Moniteur*'ün tezi zaten cesedin üç günden kısa bir sürede yüzeye çıkma olasılığının ötesine pek geçmiyor; çocuksu rakamlarla sunulan bu olasılık da, bir karşı-tez oluşturacak seviyeye çıkana dek, *L'Etoile*'ın elini güçlendirecektir.

Hemen anlayacağın üzere, belli ki bu tarz tartışmalarda —eğer tartışma yaşanacaksa— kuralın kendisine yönelmek gerekiyor; bunun için de kuralın mantığını incelemeliyiz. İnsan bedeni, genel anlamda, Seine Nehri'nin sularından daha hafif ya da daha ağır değildir; yani doğal haldeki insan bedeninin ağırlığı, içine girdiği tatlı su kütlesinin ağırlığına hemen hemen eşittir. Yağlı, kaslı ve ince kemikli kişilerle genel olarak kadınların bedenleri, genellikle az yağlı iri kemikli kişilerden ve erkeklerden daha hafiftir; ayrıca bir nehir suyunun kaldırma gücü, denizden gelen akıntılardan da az çok etkilenir. Akıntı noktasını konu dışı bıraksak bile, pek az kimsenin bedeni, tatlı suda olmasına rağmen, kendi haline bırakıldığında batacaktır. Nehre düşen hemen herkes, suyun kütlesel ağırlığı bedeninin ağırlığıyla dengelenmişse, yani çok az kısmı dışarıda kalacak şekilde tamamen batmışsa, su üstünde kalabilir. Yüzme bilmeyen biri için doğru duruş, karadaki gibi dik bir duruş olmalıdır: Başı tamamen arkaya yatmış, bedeni tümüyle suya batmıştır, ağız ve burun delikleriyse su yüzeyinin üstündedir. Hiç güçlük çekmeden, zorlanmadan bu şekilde su yüzeyinde kalındığını görürüz. Belli ki beden ağırlığıyla bedenin gelmesiyle yer değiştiren su kütlesinin ağırlığı dengededir ve en küçük hareket bile bu dengeyi bozabilir. Örneğin, sudan yukarı uzatılan ve böylece desteksiz kalan bir kol, başı tamamıyla suya batırmaya yetecek kadar bir ek ağırlık oluşturacaktır; kazara yardıma yetişen ufak bir tahta parçasıyla da, etrafa bakacak kadar başımızı kaldırabiliriz. Yüzme alışkanlığı olmayan birinin hareketlerinde kollar mutlaka yukarı doğru savrulur ve başın her zamanki gibi dikey tutulması için çaba gösterilir. Sonuç, ağız ve burun deliklerinin suya batmasıdır; su altında soluma sırasında da akciğerler suyla dolar. Mideye de epey su girer ve başlangıçta buraları dolduran havanın ağırlığıyla şimdi içe dolan suyun ağırlığı arasındaki fark yüzünden benden ağırlaşmış olur. Genel kural olarak bu fark bedenin batması için yeterlidir, ancak ufak kemikli ve çok gevşek ya da yağlı madde barındıran kişilerde yeterli olmaz. Bu kişiler, boğulduktan sonra bile su yüzeyinde kalırlar.

Suyun dibine inmiş ceset, herhangi bir şekilde kendi ağırlığı, yerine geçtiği su kütlesinin ağırlığından daha az oluncaya dek suyun dibinde kalacaktır. Bu durum, çürüme ya da başka bir nedenle oluşabilir. Çürüme sonucu gaz dışarı çıkar, onun yerine hücre dokuları ve diğer boşluklar suyla dolarak o dehşet verici şişkin görünüm ortaya çıkar. Cesedin tamamındaki şişkinlik, kendisine eşit bir kütle ya da ağırlık artışı olmadan artmışsa, cesedin ağırlığı, yerine geçtiği su kütlesinden az olacağından ceset de su yüzeyinde belirir. Ancak çürümeye neden olan sayısız durum vardır, çürümenin hızlı mı yavaş mı ilerleyeceğini, mevsimin sıcak ya da soğuk olması, beden sıcaklığı, ölümden önce sağlıklı mı yoksa hastalıklı mı olunduğu gibi sayısız etken belirler. Yani, cesedin hangi süreyle çürümeye geçeceğini kesin olarak tahmin edemeyiz.

Bu sonuç, bazı koşullar dahilinde bir saat içinde gerçekleşirken, başka durumlardaysa hiç gerçekleşmez. Öyle kimyasal unsurlar vardır ki, fiziki beden sonsuza dek çürümeden korunabilir; örneğin cıva biklorür bunlardan biridir. Ancak çürüme haricinde midenin içinde ya da başka nedenlerden başka boşluklarda otsu maddenin mayalanması, ki pek çok kez böyle olur, cesedi tekrar yüzeye çıkartacak kadar şişmeye neden olabilir. Bir topun ateşlenmesiyle oluşan etki de böylesi basit bir titreşimdir. Bu tarz bir etki cesedi saplanmış olduğu yumuşak çamur ya da balçıktan gevşetir, halihazırda bulunan diğer etkenlerin de çıkmaya zemin hazırlamasıyla, onu su yüzüne çıkartabilir ya da gazın etkisiyle boşlukları genişletip hücre dokusundaki bazı çürümüş bölümlerindeki direncin kırılmasına neden olabilir.

Meselenin mekaniğini önümüze serdiğimize göre, artık *L'Etoile*'ın iddialarını sınayabiliriz. 'Tüm deneyimler,' diyor gazete, 'boğulan ya da öldürüldükten hemen sonra suya atılan cesetlerin, ancak sekiz ila on günlük bir çürümeden sonra tekrar su yüzüne çıkabileceğini göstermiştir. Hatta cesede bir gülle atıldığında bile, gövde beş altı günlük bir beklemeden önce su yüzüne çıkarsa, müdahale edilmediğinde tekrar batar.'

Artık bu paragrafın tümü bir yere varmayan, tutarsız bir yazı olarak görünüyor. Bütün deneyler, 'boğulan ya da öldürüldükten hemen sonra suya atılan cesetlerin, ancak sekiz ila on günlük bir çürümeden sonra tekrar su yüzüne çıkabileceğini' göstermemektedir. Bilim de deneyimler de, yüzeye çıkış süresinin kestirilemez olması gerektiğine işaret ediyor. Kaldı ki eğer ceset top ateşlenmesiyle yüzeye çıkmışsa ve çürüme, oluşan gazın dışarı çıkmasına izin verecek kadar ilerlememişse 'müdahale edilmeden' tekrar batmayacaktır. Ama ben dikkatini, 'boğulan' ve 'öldürüldükten hemen sonra suya atılan cesetler' arasındaki farka çekmek istiyorum. Yazar belli bir farkı belirtse de, yine de ikisini aynı şekilde sınıflandırıyor. Boğulmakta olan bir kişinin beden ağırlığının hangi şartlarda yerine geçtiği suyunkinden fazla olduğunu ve kişinin, kollarını yüzeyin üstünde hareket ettirmesi ve su altındayken soluk almaya çalışarak akciğerlerde önceden bulunan hava yerine su girmesiyle sonuçlanacak şekilde nefes alıp vermesi hali dışında batmayacağını sana anlatmıştım. Bu tarz hareketlenme ve nefes almalar, 'boğulan ya da öldürüldükten hemen sonra suya atılan cesetler'de görülmez. Bundan dolayı da, genel bir kural olarak beden hiç batmayacaktır; ancak *L'Etoile* bu olgudan belli ki habersiz. Çürüme oldukça ilerledikten, kasların çoğu kemikten ayrıldıktan sonra, daha önce değil, ancak o andan sonra cesedi gözden kaybederiz.

Peki, yalnız üç gün geçmiş olmasından dolayı sudaki cesedin Marie Rogêt'e ait olamayacağı iddiasını ne yapacağız? Eğer boğulmuşsa, kadın olduğundan hiç batmayabilir de; ya da batmışsa, yirmi dört saat veya daha az bir süre sonra tekrar su yüzeyine çıkmış olabilir. Ama kimse kızın boğulmuş olabileceğini düşünmüyor; eğer nehre atılmadan önce ölmüşse, sonraki herhangi bir zaman yüzer halde bulunmuş olabilir.

'Ancak,' diyor *L'Etoile*, 'eğer ceset darp edilmiş şekilde Salı gününe kadar kıyıda tutulmuş olsa, mutlaka katillere dair bazı izlere rastlanırdı.' Burada mantık yürüten kişinin amacını anlamak zor. Sanki savına aykırı bir gelişme olacağını bekliyor: Örneğin cesedin kıyıda iki günde hızla, yani suda olacağından daha hızlı çürümeye uğramış olarak kaldığının anlaşılması gibi. Eğer böyle olduysa, ceset

Çarşamba günü yüzeye çıkabilirdi, daha doğrusu ancak bu koşullar dahilinde yüzeye çıkabilirdi diye akıl yürütüyor. Buna uygun olarak da cesedin kıyıda tutulmadığını ispatlama telaşında, çünkü 'kıyıda tutulmuş olsa, mutlaka katillere dair bazı izlere rastlanırdı.' Sanırım bu mantıksızlığa gülümsüyorsundur. Elbette sana cesedin kıyıda uzun süre kalmasının, katillerin izlerini nasıl çoğaltacağını açıklamamış ki malum, bunu ben de açıklayamıyorum.

'Buna ek olarak,' diye devam ediyor gazete, 'böylesi bir cinayeti işleyen zalimlerin cesede herhangi bir ağırlık bağlamamış olmalarını düşünmek de, kolaylıkla öyle bir önlem alabilecekleri düşünüldüğünde, gerçekten olası değil.' Şuradaki gülünesi kafa karışıklığına bak! *L'Etoile* dahil kimse bulunan ceset üzerinde cinayet işlenmiş olduğu noktasını tartışmaya açmıyor. Şiddet izleri epey görünür. Mantık yürütücümüzün tek amacı cesedin Marie'ye ait olmadığını göstermek. Cesedin cinayete kurban gitmediğini değil, Marie'nin öldürülmediğini ispatlamaya çalışıyor. Ancak gözlemi, sadece ikinci olasılığı kanıtlamaya yetiyor. Ağırlık bağlanmamış bir ceset söz konusu. Katiller ağırlık bağlamadan cesedi suya atmazlardı, demek ki katiller tarafından suya atılmadı. Tek ispatladığı —eğer bir şey ispatlayacaksa— budur. Kimlik meselesine hiç girilmiyor bile ve *L'Etoile* bir dakika önce kabul ettiğini tartışmaya açınca oldukça zor durumda kalıyor. 'Bulunan cesedin katledilmiş bir bayana ait olduğuna tamamen ikna olmuş durumdayız,' diyor.

Mantıkçımızın kendi fikrine karşı akıl yürütmesinin tek örneği, konunun yalnız bu kısmında bile, burası değil. Önceden de belirttiğim üzere yazarın açık amacı, Marie'nin kayboluşuyla cesedin bulunması arasındaki zaman farkını mümkün olduğu kadar aza indirmek. Ancak yazarın, kızı annesinin evinden çıktıktan sonra kimsenin görmediği noktasında ısrarcı olduğunu görüyoruz. 'Gerçi 22 Haziran Pazar sabahı saat dokuzdan sonra canlılar âleminde olduğuna dair elimizde kanıt olmasa da...' diyor. Savı açıkça *ex-parte** bir sav olduğundan, en azından bu noktayı es geçmeliydi; çünkü Marie, örneğin Pazartesi ya da Salı görülmüş olsaydı söz konusu zaman farkı çok daha kısalmış olacak ve kendi mantığına göre cesedin cilveli kıza ait olma olasılığı da azalacaktı. Yine de *L'Etoile*'ın, genel savını desteklediğini düşünerek bu nokta üzerinde ısrarla durmasını görmek keyif verici.

Savdaki, Beauvais'in cesedi teşhis etmesini anlatan bölümü tekrar inceleyelim. Koldaki kıllarla ilgili olarak *L'Etoile* belli ki samimiyetsiz. Aptal biri olmayan M. Beauvais, cesedin teşhisinde yalnızca koldaki kıllara bakarak karar vermiş olamaz. Üzerinde hiç kıl bulunmayan kol yoktur. *L'Etoile*'daki genel ifade, tanığın kullandığı terimin saptırılmasından başka bir şey değil. Beauvais büyük olasılıkla kıldaki bir özellikten söz etmişti. Bir renk, miktar, uzunluk ya da durum farklılığı olması gerekir.

'Kızın ayakları,' diyor gazete, 'küçükmüş, ancak binlerce ayak da küçüktür. Jartiyeri de kanıt oluşturmaz, ayakkabıları da; zira jartiyerlerle ayakkabılar aynı pakette satılır. Aynı şey şapkadaki çiçekler için de geçerli. M. Beauvais'in üzerinde ısrarla durduğu bir nokta, jartiyer tokasının, kısaltmak amacıyla geriye alınmış olmasıydı. Bu da bir anlam ifade etmez, çünkü pek çok bayan, satın aldıkları jartiyerleri mağazada denemek yerine,

---

* Sözcük anlamı "tek taraflı" olan bu kavram, hukukta sadece tek tarafın dinlenmesiyle yapılan yargılama usulüne verilen addır. (Ç.N.)

üzerine oturması için bir çift tokayla ayarlamayı tercih eder.' Bu noktada, mantık yürüten kişinin samimi olduğunu söylemek güç. M. Beauvais, Marie'nin cesedini ararken kayıp kızın ölçü ve görünüşüne benzer bir ceset bulsaydı (elbise benzerliğine değinmiyorum bile) arayışının başarılı olduğunu düşünmekte haklı olacaktı. Eğer genel ölçü ve şekle ek olarak, yaşarken Marie'nin kolu üzerinde fark ettiği kıllanmaya benzer bir görünümle de karşılaşsaydı, Marie'nin cesedini bulduğu inancı daha da sağlamlaşacaktı; bu inancı, kıllı lekenin özgünlüğü ve sıradışılığı ölçüsünde artmış da olabilir. Eğer Marie'nin ayakları küçükse, cesetteki ayaklar da küçükse, bulunan cesedin Marie ait olma olasılığı yalnızca aritmetik değil, yüksek oranda geometrik ve birikimsel bir artış göstermiş olacaktır. Tüm bunlara, bir de kızın kaybolduğu gün giydiği bilinen ayakkabıları ekleyin; bunlar 'paketlerle satılır' olmasına rağmen, olasılık hesabına baktığımızda kesinlik çizgisine yaklaşıldığını görürüz. Kimlik belirlemede kendi başına yeterli olmayan unsurlar, birleşince kesin bir kanıt halini alıyorlar. Bir de kayıp kızın taktıklarıyla örtüşen şapka çiçeklerinden bahsedin, daha bir şey istemeyiz. Tek bir çiçek bile bulunsa başka bir şeye gerek kalmaz ama ya iki, üç ya da daha fazla çiçek bulunursa? Her yeni benzerlik, ispat oranını katlıyor: Kanıt kanıta eklenmiyor, yüzlerce, binlerce katıyla çarpılıyor. Merhum üzerinde, canlıların kullandığı haliyle bir jartiyer bulduğumuzu düşünelim; bu nokta üzerinden ilerlemek şapşallık olacaktır; ancak eğer jartiyer tıpkı Marie'nin evden ayrılmadan az önce yaptığı gibi tokayla gerilmişse, bu kanıttan şüphelenmek delilik ya da ikiyüzlülük olur. *L'Etoile*'ın, jartiyerin gerilmesinin sıradışı olduğunu belirtmesi, yalnız kendi hatasında ne kadar ısrarlı olduğunu gösterir. Jartiyer tokasının esnekliği, bizzat bu kısaltmanın sıradışılığının göstergesidir. Kendisi ayarlı olan şey, dışarıdan müdahaleyi ender olarak gerektirir. Marie'nin, jartiyerini sıkma gereksinimi, en açık anlamıyla rastlantısal olsa gerek. Yalnız jartiyerler bile kızın kimliğini belirlemeye yeterli olur. Ama esas mesele cesedin üzerinde kayıp kızın jartiyerlerinin, ayakkabılarının, bonesinin, bonesindeki çiçeklerin bulunması ile ayakları ve kolundaki özelliklerin, bedenin genel boyut ve görünüşünün eşleşmesi değil, cesette bunların her birinin topluca bulunmasıdır. *L'Etoile*'ın editörünün, bu koşullar altında, bir *lunatico inquirendo*'ya* gerek olmadığı şüphesinin aklından geçtiği kanıtlanabilir mi? Editör, genelde mahkemelerin statik kurallarını tekrarla yetinen avukatların önemsiz sözlerini yansıtmanın meziyet olduğunu düşünmüş. Bu noktada, mahkemenin kabul etmediği kanıtları, akıl en iyi kanıt olarak değerlendirir. Mahkeme kanıtlar hakkında genel ilkelerle —kabul görmüş ve kitaptaki ilkelerle — hareket ettiğinden, özgül durumlarda bile çizgisinden sapmaz. İlkelere bu sıkı bağlılık ve istisnaları tamamen görmezden geliş, uzun zaman söz konusu olduğunda gerçeğe en fazla kez ulaşmanın kesin yoludur. Bu uygulamanın genel anlamda akıllıca olduğu kadar, bireysel vakalarda hata olasılığını yükselttiği de bir gerçek.

Beauvais'e yönelik üstü kapalı suçlamalara gelirsek, onları bir nefeste silmek isteyeceksin. Bu dürüst beyefendinin gerçek karakterini sen de sezmişsindir: Romantizmi çok, kurnazlığı az bir işgüzar. Böyle bir yapıdaki kişi gerçek bir heyecan karşısında, aşırı kurnazlarla kötü niyetliler tarafından şüpheli biri olarak algılanabilir. M.

---

* Özgün metinde Latince: Delilik vakalarını inceleyen komisyon. (Ç.N.)

Beauvais, (sizdeki notlardan da anlaşılacağı üzere) *L'Etoile*'ın editörüyle bazı kişisel görüşmelerde bulunmuş ve editörün savının aksine, cesedin Marie'ye ait olduğunu kesin bir şekilde ifade ederek adamın canını sıkmış. 'Cesedin Marie'ye ait olduğunda ısrar ediyor,' diyor gazete, 'ama başkalarını inandırmak için, bizim değerlendirdiklerimiz dışında herhangi başka bir kanıt da gösteremiyor.' Şimdi, 'başkalarını inandırmak için' daha güçlü kanıtların belki de hiç ortaya çıkmayacağı gerçeğine girmeden, böylesi bir durumda kişinin, ikinci birini inandıracak bir neden ortaya koymaksızın inanabileceği söylenebilir. Bireysel kimliklere dair çıkarımlardan daha muğlak başka bir şey yoktur. Herkes komşusunu tanır ama bu tanıma için herhangi bir neden verebilecek kişi azdır. *L'Etoile* editörünün, M. Beauvais'nin nedensiz inancına gücenmeye hakkı yoktur.

Beauvais'i çevreleyen şüpheli durumu, benim romantik işgüzar hipotezim, mantık yürüten kişinin suçlamasından çok daha iyi açıklıyor. Daha insani bu yorumumuzdan sonra, anahtar deliğindeki gül, levhadaki 'Marie' ismi, erkek akrabaların 'kenara itilmesi', 'onların cesedi görmelerini engellemesi', 'Bayan B--'ye, kendisi gelene dek jandarmayla konuşmamasını tembihlemesi' ve son olarak da, 'kendisi dışında işlemlerle kimsenin ilgilenmemesi' konusundaki azimli kararlılığı gibi noktaları anlamakta hiçbir zorluk çekmiyoruz. Beauvais'in Marie'nin peşinden koştuğu, kızın onunla flört ettiği, adamın kızın özel yaşamına girmiş, güvenini kazanmış ve bunun keyfini süren biri olarak bilinmeyi hırsla istediği bence kuşku götürmez. Bu konuyla ilgili başka bir şey söylemeyeceğim. Ayrıca çıkarımlar, *L'Etoile*'ın anne ve diğer akrabaların duygusuzluğu —ki bu duygusuzluk, *L'Etoile*'a göre cesedin Marie'ye ait olduğu inancıyla ters düşüyor— hakkındaki savını tamamen çürüttüğünden, kimlik meselesinin tatmin edici bir şekilde sonuçlandığını düşünerek yolumuza devam edebiliriz."

Bu noktada, "Peki *Le Commerciel*'in savları hakkında ne düşünüyorsun?" diye sordum.

"İçerik itibarıyla o yazılar, konu hakkında yayınlanmış diğer yazılardan çok daha dikkate değerdir. Önermelerden yapılan çıkarımlar felsefi ve net ama bu önermeler, en az iki örnekte, eksik gözleme dayanıyor. *Le Commerciel*, Marie'nin, anne evinin kapısından çok da uzakta olmayan bir noktada, bir grup adi zorba tarafından kaçırıldığını ima ediyor. 'Bu kız gibi binlerce kişi tarafından tanınan birinin kimse görmeden üç blok yürümesi mümkün değildir,' diyerek öne sürüyor savını. Bunlar, Paris'te yaşayan, kentte pek çok yer gezip gören, gezileri de kamusal alanlarla sınırlı olan bir halk adamının sözleri. Kendisi birine rastlamadan veya biri ona yanaşmadan, ofisinden on iki blok bile ilerleyemeyeceğinin farkında. Kendisini tanıyan başkaları olduğunu ve kendisinin başkaları nezdindeki tanınmışlığını bilerek, bu tanınmışlığı parfümcü kızın ünüyle kıyaslıyor ve herhangi bir fark görmediğinden, kızın da yürüyüşleri sırasında kendisi kadar tanındığı sonucuna varıyor. Bu sonuç, eğer kızın yaptığı yürüyüşler de onunkilere benzer şekilde sınırlı bir bölgede ve aynı türden, statik ve yöntemsel biçimde olsaydı geçerlilik kazanacaktı. Kendisi düzenli aralıklarla, sınırlı bir çevrede ve mesleki yakınlık dolayısıyla onu tanımak durumunda olan pek çok kişinin olduğu bir muhitte dolanıyor. Ancak Marie'nin yürüyüşlerinin daha dağınık olduğunu düşünebiliriz. Bu özgün örnekte, rotasının ortalama farklılığından daha da değişik bir yola sapma olasılığının yüksek olması gayet anlaşılır. *Le Commerciel*'in zihninde olduğunu düşündüğümüz durum, ancak iki kişinin bütün şehri baştan başa geçmesi durumunda geçerli olabilir. Böyle bir örnekte bile, eğer iki kişinin kentteki tanıdıkları eşit sayıdaysa, eşit sayıda karşılaşma gerçekleşebilir. Ben kendi hesabıma, Marie'nin ikamet ettiği yerle teyzesi arasındaki anayoldan, ne zaman olursa olsun herhangi bir tanıdığına ya da kendisini tanıyan birine rastlamadan geçebileceğini yalnızca mümkün değil, 'mümkün'den çok daha yüksek bir olasılık olarak görüyorum. Bu sorunu tamamıyla ve doğru bir ışık altında incelerken, Paris'in en ünlü kişisinin aşinalığıyla, Paris'in geri kalan nüfusunun aşinalığı arasındaki orantısızlığı da aklımızda tutmamız gerekir.

Le Commerciel'in savı halen biraz ağırlık taşıyor gibi görünse de bu ağırlık, kızın dışarı çıktığı saat göz önüne alındığında çok azalacaktır. 'Kız dışarı çıktığında,' diyor *Le Commerciel*, 'caddeler insanla doluydu.' Aslında değildi. Saat sabahın dokuzuydu. Her gün sabah dokuzda caddelerin insanla dolup taştığı doğrudur ama Pazarlar hariç. Sabah dokuzda halk evinin içinde, kiliseye gitmeye hazırlanmaktadır. Dikkatli hiç kimse, her Pazar sekizden ona kadar, kentin o güne özgü terk edilmişlik havasını fark etmeden geçemez. On ile on bir arasında caddeler doludur ama sözü edilen erken saatte değil.

Le Commerciel'de gözlem eksikliği olduğunu andıran bir nokta var gibi: 'Talihsiz kızın jüponlarından biri altmış santim uzunluğunda ve otuz santim genişliğinde kesilmiş, kafasının ardından dolanmış ve çenesinin altından —büyük olasılıkla çığlık atmasını önlemek için— sıkıca bağlanmıştı. Bunlar, yanında cep mendili bulunmayan kişilerce yapılmıştı,' diyor. Bu savın sağlam temellere dayanıp dayanmadığına daha sonra bakacağız ama editör, 'yanında mendil bulunmayan kişilerce' derken, en düşük tabakadan serserileri kastediyor. Halbuki bu tanımlar, üzerinde gömleği olmasa da cebinde mendili olacak insanlarınkine ait. Son yıllarda cep mendilinin en rezil tipler için bile ne kadar vazgeçilmez hale geldiğini gözlemleme fırsatın olmuştur."

"Peki, *Le Soleil*'deki makale hakkında ne düşünmeliyiz?" diye sordum.

"Yazarının bir papağan olarak doğmamasının ne kadar yazık olduğunu düşüneceğiz; eğer papağan olarak doğsaydı, türünün en ünlüsü olacaktı. Önceden yayınlanmış savları tekrar kâğıda dökmekle yetinmiş; ancak bir o gazeteden bir bu gazeteden faydalanırken de ciddi bir çalışma sergilemiş. 'Nesneler belli ki üç dört haftadır oradaydılar' ve 'böylece, bu korkunç vahşetin işlendiği nokta, şüpheye yer bırakmayacak şekilde bulunmuş oldu' diyor. *Le Soleil* tarafından tekrarlanan bu olgular, bu konudaki şüphelerimi gidermekten çok uzak; konunun başka bir yönüyle bağlantılı olarak meseleyi sonra daha ayrıntılı bir şekilde inceleyeceğiz.

Şu an başka incelemelerle meşgul olmalıyız. Cesedin oldukça özensiz bir şekilde incelendiğini sen de fark etmişsindir. Evet cesedin kimliği tespit edilmişti, ya da edilmiş olmalıydı ama cesetle ilgili araştırılması gereken başka konular var. Ceset soyulmaya çalışılmış mı? Evden çıktığında merhumun üzerinde herhangi bir ziynet eşyası var mıymış? O halde cesedin üzerinde de var mıydı? Bunlar, kanıtlar toplanırken üzerinde hiç durulmamış önemli sorular; ayrıca bu derece önemli ama önemsenmemiş başka noktalar da var. Bu noktaları, yapacağımız bireysel araştırmalarla çözüme ulaştırmaya çabalamalıyız. St. Eustache'ın durumu tekrar gözden geçirilmeli. Bu kişiye dair herhangi bir şüphem yok ama biz yöntemli bir şekilde ilerlemeliyiz. Pazar günü nerede olduğuna ilişkin yeminli ifadelerin geçerliliğini 'kuşku götürmez' bir noktaya getireceğiz. Bu tarz yeminli ifadeler hemencecik gizemli bir havaya büründürülebilir. Ancak, herhangi bir terslik olmadığı anlaşılırsa, St. Eustache'ı incelememizden çıkartacağız. Adamın intiharı şüpheleri arttırmış olsa da, yeminli ifadelerde sahtekârlık olduğu anlaşılsa bile, bu tür bir sahtekârlık, anlaşılamaz bir durum ya da bizim olağan usavurum çizgimizden sapmamızı gerektirecek bir etken değildir.

Bu yüzden de şu anda, dikkatimizi trajedinin ana unsurlarına değil, dış noktalarına çevirmeyi öneriyorum. Bu tarz araştırmalarda en acil konuları soruşturup ikincil ya da rastlantısal noktaları tamamen görmezden gelmek az yapılan bir hata değildir. Kanıtları ve soruşturmaları aşikâr olanla sınırlamak, mahkemelerin kötü bir uygulamasıdır. Ancak deneyim göstermiştir ve doğru felsefe de gösterecektir ki, daha geniş, belki daha büyük gerçeklik, ilgisiz görünen noktalardan ortaya çıkar. İşte bu ilkenin —kelime anlamından çok— içeriğinden dolayı, modern bilim görünmeyeni hesaba katma yöntemine başvurmaya başladı. Belki ne demek istediğimi tam anlamıyorsun. İnsanlığın bilim tarihi en değerli çok sayıdaki keşfin ikincil, hesaba katılmamış, rastlantısal olaylar sonucu ortaya çıkarıldığını öyle kesintisizce göstermiştir ki, sonunda gelişimi öngörebilmek için, rastlantısal olarak bulunan, normal beklentilerin dışında ortaya çıkan icatları hesaba katmada yalnız büyük değil çok büyük bir olasılık tanımak zorunluluğu doğmuştur. Artık olacakları tahmin için önceden olmuşlara bakmanın felsefi bir yanı yoktur. Rastlantı, altyapının bir unsuru olarak kabul edilmektedir. Şansı, mutlak hesabın bir unsuru haline getiriyoruz. Beklenmeyen ve hayal edilmeyenleri, okulların matematik formüllerine tabi tutuyoruz.

Tekrar edeyim ki önümüzdeki vakada araştırmayı, incelenmiş ve şimdiye dek verim alınamamış kısmından etrafındaki koşullara yönlendirmem, her tür gerçeğin önemli kısmının ikincil unsurlardan kaynaklanması ilkesine uygunluğu nedeniyledir. Sen yeminli ifadelerin geçerliliğini düşünürken, ben gazeteleri senin yaptığından daha ayrıntılı bir incelemeden geçireceğim. Şimdiye kadar yalnız soruşturma alanını inceledik ama konuyla ilgili yazıların önerdiğim şekilde kapsamlı bir incelemeden geçirilmesinin, araştırmamıza yön belirleyici bir etkide bulunmaması gerçekten şaşırtıcı olur."

Dupin'in önerisiyle yeminli ifadeleri oldukça ayrıntılı bir incelemeden geçirdim. Sonuç olarak ifadelerin doğruluğuna ve buna bağlı olarak St. Eustache'ın masumiyetine kesin kanaat getirdim. Bu sırada arkadaşım, bana amaçsız bir ayrıntı düşkünlüğü olarak görünecek şekilde, kendini gazete incelemeleriyle meşgul etmekteydi. Bir hafta sonunda önüme şu gazete kupürlerini koydu:

> Üç buçuk yıl kadar önce Palais Royal'de, şimdikine çok benzer bir karmaşa yaşandı: Bay Le Blanc'ın parfümerisinde çalışan aynı Marie Rogêt yine kaybolmuştu. Ancak kız, bir hafta sonra yeniden, tezgâhın her zamanki köşesinde, pek de alışıldık olmayan yüz solgunluğunu saymazsak, gayet iyi durumda ortaya çıktı. Bay Le Blanc ve kızın annesi, kızın taşradaki bir arkadaşını ziyarete gitmiş olduğunu belirttiler ve mesele çabucak kapatıldı. Şimdiki kayboluşun da benzeri bir gariplik olduğunu ve bir

hafta, belki bir ay içinde kızı tekrar aramızda göreceğimizi düşünüyoruz.

Akşam Gazetesi, 23 Haziran Pazartesi.

Dünkü bir akşam gazetesi, Bayan Rogêt'in önceki bir kayboluşundan söz ediyor. Kızın, Le Blanc'ın parfümerisinde bulunmadığı bir hafta boyunca, ahlaksızlıklarıyla tanınan genç bir donanma subayıyla beraber olduğu bilinmektedir. Aralarında meydana gelmiş hayırlı bir kavganın kızın eve dönüşüne neden olduğu sanılmaktadır. Şu sıralar Paris'te yaşayan bu çapkının adını bilmekteyiz; ancak malum nedenlerden kamuoyuyla paylaşamıyoruz.

Le Mercurie, Salı sabahı, 24 Haziran.

Önceki gün bu şehirde çok gaddarca bir vahşet yaşandı. Günbatımı sırasında eşi ve kızıyla birlikte bir beyefendi, Seine Nehri'nde kürekli sandalla amaçsızca aşağı yukarı gezinen altı genç adamdan kendilerini karşı kıyıya geçirmelerini istedi. Karşı kıyıya varılmasıyla üç yolcu aşağı indi. Sandal görüş mesafelerinin dışında kalana kadar ilerlemişlerdi ki kız, şemsiyesini unuttuğunu fark etti ve şemsiyesini almak için geri döndü. Ancak çete tarafından yakalandı, nehre sürüklendi, ağzı kapatıldı, vahşice darp edildi ve sonunda kıyıya, anne babasıyla sandala ilk bindiği noktadan çok da uzak olmayan bir yere götürüldü. Caniler şu an için firari durumdalar ancak polis peşlerinde ve çok geçmeden bazıları ele geçirilecek.

Sabah Gazetesi, 28 Haziran.

Amacı, son günlerdeki vahşeti Mennais'e yüklemek olan birkaç ihbar aldık. Ama bu bey, yasal soruşturma sonucu tamamen temize çıktığından ve bize ihbarda bulunan kişilerin iddiaları sağlam temellere dayanmaktan çok duygulara hitap ettiğinden, bunları kamuya mal etmeyi uygun görmüyoruz.

Sabah Gazetesi, 28 Haziran.

Farklı kaynaklardan geldiği anlaşılan, talihsiz Marie Rogêt'in Pazar günü kent dolaylarını dolduran sayısız adi çeteden birinin kurbanı olduğunu kesinleştiren, oldukça iddialı birkaç yazılı ihbar aldık. Bizim fikrimiz de kesin olarak bu yöndedir. Bundan sonra bu savlardan bazılarına daha geniş yer vermeye çalışacağız.

Akşam Gazetesi, 31 Haziran, Salı.

Pazartesi günü, vergi dairesine bağlı bir mavnacı Sen kıyısında yüzen, boş bir sandal görmüş. Yelkenler sandalın altında durmaktaymış. Mavnacı, sandalı mavna dairesinin altına çekmiş. Ertesi sabah, hiçbir memurun haberi olmaksızın sandal oradan götürülmüş. Dümeni şu an mavna dairesinde durmakta.

Le Diligence, 26 Haziran Perşembe

Bu farklı kesitler bana yalnız ilgisiz gözükmekle kalmadı, ayrıca bunlardan herhangi birini elimizdeki meseleyle bağdaştırabileceğim bir yol da kestiremedim.

"Henüz," dedi Dupin, "bu alıntıların ilk ikisine girmeyi düşünmüyorum. Onları buraya almamın asıl nedeni, polisin aşırı ihmalkârlığını gözler önüne sermekti: Şeften anladığım kadarıyla polis, bahsi geçen donanma subayını hiçbir şekilde soruşturma zahmetine katlanmadı. Ancak, Marie'nin ilk ve ikinci kayboluşu arasında varsayımsal bir bağlantıya yer vermemek aptallık olur. İlk kaçışın, âşıkların tartışması ve ihanete uğrayan tarafın eve dönüşüyle sonuçlandığını kabul edelim. Bu durumda, ikinci kaçışın (eğer bir kaçış olduğundan eminsek) nedeni olarak, yeni bir kişinin yeni tekliflerini değil, önceden kıza ihanette bulunan adamın önerilerinin tekrarını düşünmek durumundayız: Yani meseleyi, yeni bir aşk başlangıcı değil, eski aşkın onarımı şeklinde görmeliyiz. Daha önce kaçmış bir kıza kaçış teklifi yapılmasıyla, Marie'yle daha önce kaçmış kişinin ona aynı teklifte bulunmasının olasılığı bire ondur. Ayrıca ilk kayboluş ile farz edilen ikinci kaçış arasındaki zaman da, subaylarımızın normal tur süresinden birkaç ay daha uzun. Acaba ilk ihaneti sırasında denize açılma zorunluluğu yüzünden bir engelleme mi yaşamıştı, yoksa gerçekleşmemiş ya da gerçekleştiremediği emelleri için geri döner dönmez hemen harekete mi geçmişti? Bu konular hakkında hiçbir bilgimiz yok.

İkinci olayda bir kaçış olmadığını söyleyeceksin. Elbette yok ama engellenmiş bir tasarı olmadığını kolayca söyleyebilir miyiz? St. Eustache'ın, belki Beauvais'in dışında, Marie'nin tanınan, açık, saygın bir talibini bulamıyoruz. Bu kişiler dışında sözü edilen başka biri yok. Öyleyse akrabaların —en azından çoğunun— hakkında hiçbir şey bilmedikleri ve Marie'nin Pazar sabahı buluşup akşam karanlığına dek Barrière du Roule'daki ıssız kavaklığın ortasında kendisiyle olmaktan hiç korkmayacak kadar güven kazanmış bu gizli sevgili kim olabilir? Soruyorum: Akrabaların, en azından çoğunun hakkında bir şey bilmedikleri bu gizli sevgili kimdir? Ve Bayan Rogêt'in, Marie'nin ayrıldığı sabah dile getirdiği o acayip kehanet ne anlama geliyor: 'Korkarım ki Marie'yi bir daha hiç göremeyeceğim.'

Bayan Rogêt'in böyle bir kaçış planından haberdar olduğunu düşünmesek bile, böyle bir planın kızın aklından geçtiğini varsayamaz mıyız? Evden çıkarken Drômes Caddesi'deki teyzesine gidecekmiş gibi davrandı; St. Eustache'dan ise akşam olunca kendisiyle buluşmasını istemişti. İlk bakışta bu tez savımla çelişir gibi duruyor ama mesele üzerine düşünelim. Gerçekten de biriyle buluştuğu, onunla nehrin karşı kıyısına geçtiği ve öğleden sonra saat üç gibi geç bir saatte Barrière du Roule'a vardığı biliniyor. Ancak bu kişiyle kaçmayı tasarlarken, (hangi amaçla olursa olsun, annesi tarafından bilinsin, bilinmesin) evden ayrılırken bıraktığı izlenimin de, kararlaştırılan saatte Drômes Caddesi'ne gelen nişanlandığı talip St. Eustache'ın kendisini orada göremeyince yaşayacağı korku ve kuşkuyu da, sonra bu telaşlandırıcı bilgiyle pansiyona döndüğünde kızın uzun süredir eve dönmemiş olduğunu öğreneceğini de önceden düşünmüş olmalı Marie. Bence bunlar kızın aklına gelmiştir. St. Eustache'ın hayal kırıklığını, özellikle de şüpheyi kız düşünmüş olmalı. Şüpheyle yüzleşmemek için eve dönmeyi aklından çıkarmış olsa gerek; ancak zaten dönmeyi düşünmüyorsa bu durumda şüphe, kız için önemsiz bir ayrıntı halini alır.

Kızın şöyle düşündüğünü farz edebiliriz: 'Yalnız kendime sakladığım bazı nedenlerden ötürü ya da kaçmak için birisiyle buluşacağım. Kesinlikle hiçbir pürüz olmamalı: İzlenmekten kurtulacak kadar vaktim olmalı, herkesi o gün Drômes Caddesi'ndeki teyzemi ziyarete gideceğime ve günü orada geçireceğime inandıracağım, böylece şüphe ya da endişeye neden olmadan uzun süre evden uzak kalmamın bir açıklaması olacak; başka herhangi bir yolla kazanabileceğimden çok daha fazla zaman kazanmış olacağım. Eğer St. Eustache'a beni karanlık basınca almasını söylersem daha önce gelmeyecektir ama buluşmayı söylemeyi ihmal edersem kaçmak için gereken zaman azalmış olacak, çünkü o durumda eve erken dönmem bekleneceğinden yokluğum çabuk endişelere neden olur. Eğer planım sonunda eve dönmek olsaydı, yani söz konusu kişiyle yalnızca dolaşmaya çıkmış olsaydım, St. Eustache'a beni evden almasını söylemeyi tercih etmezdim; çünkü ben eve gelir gelmez kendisini kandırdığımı anlardı ve bu da ebediyen açıklayamadığı bir mesele olarak kalırdı; bunun yerine, ona niyetimi söylemeden evden ayrılır, karanlık basmadan eve döner, sonra da Drômes Caddesi'ndeki teyzemi ziyarete gittiğimi söylerdim. Ancak planımda geri gelmek —en azından birkaç hafta ya da bazı şeylerin üstü örtülene dek— olmadığı için şu an önemsemem gereken tek nokta zaman kazanmak.'

Notlarında en başından beri bu vahim olayla ilgili genel kanının, kızın bir alçaklar çetesine kurban gitmesi olduğunu belirtmiştin. Popüler kanı, bazı şartlar dahilinde gözardı edilmemelidir. Kendiliğinden belirdiğinde —olağan bir şekilde ortaya çıktığında— onu, dahi kişilere özgü bir sezgi şeklinde anlamalıyız. Yüz vakanın doksan dokuzunda popüler kanıyı kabul ederim. Ancak, savı destekleyecek herhangi bir kanıt bulamamış olmamız da önemli. Kanı, çok büyük ölçüde halkın vardığı sonuç olmalıdır; aradaki ayrımı yapmak ve takip etmek ise oldukça zordur. Bana öyle geliyor ki, elimizdeki vakada çeteye dair popüler kanı, yaptığım alıntıların üçüncüsündeki ayrıntılı olayla aşırı uyarılmış bulunuyor. Bütün Paris, genç, güzel ve adı çıkmış bir kız olan Marie'nin cesedinin bulunuşuyla heyecanlandı. Üstelik ceset, üzerinde şiddet izleriyle ve ırmakta yüzerken bulunmuştu. Şiddeti daha az olsa da, merhuma uygulanan vahşete benzer bir vahşetin, cinayetin işlendiği sırada ya da o ana yakın bir zaman diliminde, genç serserilerden oluşan bir çete tarafından bir başka genç kıza uygulandığı ancak henüz ortaya çıktı. Duyulmuş bir vahşetin, duyulmamış başka bir vahşet hakkında kamuoyunu etkilemesi hoş bir şey mi? Bu kanı, kendisine yön arıyordu ve malum vahşet de ona bunu sağladı. Üstelik Marie de nehirde bulundu; üstelik bilinen vahşetin işlendiği nehirde. İki olay arasındaki bağlantı o kadar somut ki, halkın bunu fark edip gerekli ilgiyi göstermemesi gerçekten sürpriz olurdu. İşlendiği bilinen bir vahşet, neredeyse aynı zamanda işlendiği düşünülen diğer vahşetin aslında işlenmediğinin ispatıdır. Bir serseri çetesinin bilinen bir mevkide eşine rastlanmamış bir vahşeti işlerken, aynı kentte, benzeri bir çetenin aynı yöntemlerle, aynı şekilde ve tamamen aynı saatte bir başka vahşet uygulaması gerçekten bir mucize olurdu. Peki, kamunun bizden de katılmamızı istediği rastlantısal izlenim, bu tesadüfler zinciri sayesinde oluşmuş değil mi?

Daha ileri gitmeden, cinayetin işlendiği farz edilen yeri, Barrière du Roule'daki çalılığı düşünelim. Çalılık sık olsa da anayola yakın bir yerdeydi; içinde, arkalığı ve taburesiyle, bir koltuk şeklinde duran üç ya da dört büyük taş vardı. Üstteki taşta bir iç eteklik, ikinci taştaysa ipek bir eşarp bulunmuştu. Ayrıca bir şemsiye, eldivenler ve bir cep mendili de bulunanlar arasındaydı. Mendile 'Marie Rogêt' adı işlenmişti. Etraftaki çalılarda elbise parçaları görülmüştü. Yer çiğnenmişti, çalı dalları kırılmıştı ve şiddetli bir kavganın yaşandığına dair her türlü iz mevcuttu.

Çalılığın keşfi sırasında basının yaptığı tezahürata ve vahşetin tam da bu noktada yaşandığına dair fikir birliğine rağmen, şüphe duymak için epey sağlam nedenler var. Buranın olay yeri olduğuna inanabilirim de, inanmayabilirim de; ama şüphe duymak için devasa nedenler var. Eğer olayın gerçek yeri, *Le Commerciel*'in savladığı gibi Paveé St. Andreé Caddesi civarı olsaydı, suçu işleyen kişiler —halen Paris'te olduklarını varsayarsak— kamuoyunun dikkatinin doğru noktaya yönelmesiyle korkuya kapılacak ve bu tip kafa yapısına sahip kişilerde görüldüğü üzere, bu dikkati bir şekilde başka bir noktaya çekmek için bir çeşit müdahalenin gerekli olduğunu düşüneceklerdi. Bu yüzden de, Bariére du Roule çalılığından zaten kuşkulanılıyor olmasını hesaba katarak, eşyaları bulundukları yere koyma fikrini değerlendirmiş olabilirler. *Le Soleil*'in savının aksine, bulunan eşyaların çalılıkta birkaç günden fazla kaldığına dair gerçek bir kanıt yok; ancak, o ölümcül Pazar günüyle, eşyaların çocuklar tarafından bulunduğu öğleden sonra arasındaki yirmi gün boyunca dikkat çekmeden orada kalmış olamayacaklarına dair pek çok ikincil kanıt var. 'Yağmurun etkisiyle epeyce küflenmişler,' diyor *Le Soleil*, önceki savları benimseyerek. 'Pas yüzünden birbirlerine yapışmışlardı. Bazılarının üzerinde otlar bitmeye başlamıştı. Güneş şemsiyesinin ipeği sağlammış ama şeritler birbirine girmiş. Bükülüp katlandığı üst kısmı küflenip çürümüştü ve açılınca yırtıldı.' Yazıdaki, 'Bazılarının üzerinde otlar bitmeye başlamıştı,' ifadesine bakarsak, belli ki bu kanıya çocukların anlattıkları, yani çocukların hatırladıkları üzerinden varılmıştır; zira çocuklar nesneleri alıp üçüncü bir kişi tarafından görülmeden eve getirmişlerdi. Ama otlar büyüyecektir, özellikle de sıcak ve nemli havada (cinayet sırasında olduğu gibi) bir günde beş ila sekiz santim kadar uzayabilir. Yeni bitmiş çimde duran bir şemsiye, bir hafta içinde uzayan otlardan dolayı tamamen görünmez olabilir. *Le So-*

leil'deki yazarın küf konusunda ısrarla durmasına, alıntısını yaptığımız kısa paragrafta üç kez geçmesine gelirsek; acaba bu küfün yapısından kendisi gerçekten haberdar mı? Pek çok mantar çeşidinden biri ve en tipik özelliğinin yirmi dört saat içinde büyüyüp çürümek olduğunu biri ona haber vermiş mi acaba?

Böylece, konuyla ilgili kanıtları göz önünde bulundurduğumuzda, eşyaların 'en az iki ya da üç hafta' korulukta kalması fikrini desteklemek amacıyla muzafferce ortaya sürülmüş şeylerin aslında tamamen geçersiz olduğunu ilk bakışta fark ediyoruz. Diğer taraftan da, bu eşyaların sözü geçen çalılıkta bir haftadan (Pazardan diğer Pazara) fazla kaldığına inanmak oldukça güç. Paris çevresi hakkında fikir sahibi olanlar, banliyölerden epey uzaklaşılmadıkça, tenha yer bulmanın çok zor olduğunu bilirler. Ağaçlıklar, korular arasında bile keşfedilmemiş, hatta sık uğranmayan bir yer bulunduğunu düşünmemeliyiz. Yüreğinde doğa sevgisi bulunan, ancak görevi gereği bu kentin toz ve sıcağına zincirlenmiş kişiler, çevremizi saran doğal güzellikler içindeki tenhalığa dair susuzluklarını hafta içinde bile gidermeye çalışır ama her adımında bu doğal cazibenin, serseri ya da âlemci bir hergelenin gürültüsü ya da kişisel müdahalesiyle bozulduğu görür. Çaresizce koruluğun en derinlerinde kendine mahremiyet arar. İşte, yıkanmayanların en çok bulundukları kuytular, en kutsal olmayan tapınaklar buralardır. Yüreği dağlanmış gezginimiz, daha az uyumsuz bir bataklık olduğu için, daha az tiksindirici kirli Paris'e doğru geri dönecektir. Kent civarı hafta içi bile bu derece sıkışıksa, düşünün ki tatil gününde ne durumdadır. Özellikle çalışmanın zincirlerinden kurtulmuş ya da suçun bilindik imkânlarından yoksun kalmış şehir serserisi, gönlünde doğa sevgisi olduğundan değil —ki zaten onlar böyle bir sevgiyi küçük görürler—, toplumun kısıtlama ve âdetlerinden kaçmak amacıyla kent dışına gider. Onun istediği, taze hava ve yeşil ağaçlardan ziyade, kırsalın su katılmamış serbestliğidir: Buradaki gibi bir yol kenarı hanında ya da ağaçların yeşillikleri arasında, sıkı dostları dışındakilerin gözlerinden uzak bir şekilde, sahte bir eğlencenin çılgın aşırılığına dalar. Paris'in hemen yakınındaki hangi çalılık olursa olsun, sözü geçen eşyaların iki Pazar arasındaki zamandan daha uzun bir süre kalmış olmasına mucizeden aşağı kalır bir şey olarak bakmamak gerektiğini yinelediğimde, aslında her aklı selim gözlemciye apaçık olması gereken bir şeyi dile getirmekten başka bir şey yapmıyorum.

Ancak bu eşyalar, vahşetin işlendiği esas mevkiden hedef şaşırtma amacıyla oraya konuldukları şüphesinden de mahrum değiller. Öncelikle dikkatinizi, eşyaların bulunduğu tarihe çekeyim. Bunu, gazetelerden bizzat yaptığım beşinci alıntıyla karşılaştırın. Göreceksiniz ki keşif, *Akşam Gazetesi*'ne gönderilen acil ihbarlardan hemen sonra gerçekleşmiş. Epey değişkenlik gösterse ve farklı kaynaklardan geldiği anlaşılsa bile tüm bu ihbarlar aynı noktayı, vahşeti işleyenler olarak bir çeteyi, işlendiği yer olarak da Barrière du Roule civarını işaret ediyor gibi. Buradaki şüphemiz, ihbarlar ya da bu ihbarlarla halkın dikkatinin çalılığa çekilmesi sonucu eşyaların bulunmuş olduğu değil, eşyaların önceden çocuklar tarafından orada bulunmamasının nedeninin eşyaların önceden çalılıkta olmaması ve oraya ihbarlar sırasında ya da ihbarlardan hemen önce bizzat bu ihbarların suçlu yazarları tarafından konulup konulmadığıdır.

Çalılık özgün, oldukça benzersiz bir çalılıktı. Doğa tarafından çitlenmiş bu alan içerisinde, arkası ve ayaklığıyla bir koltuk görünümündeki üç sıradışı taş var. Ve böylesi doğa güzellikleriyle dolu çalılık Bayan Deluc'un kaldığı yerin birkaç metre yakınında, mahalle çocuklarının sasafras kabuğu bulmak amacıyla etraftaki çalıları didik didik aradıkları bir yerdeydi. Bu çocuklardan en az birinin o gölgelikli çitin ötesindeki tahta kurulmadan bir gün bile geçmiş olamayacağını iddia etmek, riskli, bire bin verecek bir bahis mi olur? Böyle bir bahisten çekinenler ya hiç erkek çocuk olmadılar ya da erkek çocuk doğasını unutmuşlar. Tekrarlıyorum: O eşyaların bir iki günden fazla o çalılıkta keşfedilmeden nasıl kalmış olabileceğini anlamak gerçekten güç ve *Le Soleil*'in dogmatik cahilliğine rağmen, bulundukları noktaya, sanılandan daha geç bir tarihte konulmuş olabileceklerine dair şüphe duymak için sağlam gerekçeler var.

Onların sonradan konulmuş olduğuna dair, benim şimdiye kadar sözünü ettiklerim dışında ve daha güçlü nedenler de var. Şimdi, eşyaların ne kadar zoraki bir şekilde dağıtıldığına dikkat buyurmanı rica edeceğim. Üstteki taşta beyaz bir iç etekliği, ikinci taşın üzerinde ipek bir eşarp, etrafa dağılmış bir halde bir şemsiye, eldivenler ve üzerine 'Marie Rogêt' işlenmiş bir cep mendili vardı. İşte, çok kurnaz olmayan birinin doğallıkla yapacağı, eşyaların doğal bir şekilde dağıldığı izlenimini vermek amacıyla yaptığı bir düzenleme. Ancak hiçbir şekilde gerçek bir doğallık değil. Halbuki bütün eşyaları, yerlere saçılmış ve üstüne basılmış olarak görmeyi tercih ederdim. İç eteklik ve eşarbın o çardağın dar sınırları içinde, ileri geri kavga eden kişiler arasında taşların üzerindeki yerini

* Kökleri lavantacılıkta esas yapımında, kurutulmuş yaprakları baharat olarak değerlendirilen, defnegiller familyasından bir ağaç. (Ç.N.)

korumuş olması çok olası değil. 'Otlar ezilmiş, çalı dalları kırılmıştı ve yerde, bir kavga yaşandığına dair her türlü delil mevcuttu' deniliyor; ancak iç eteklik ve eşarp, sanki rafa dizilmiş gibi bulundu. 'Giysisinin çalılara takılarak yırtılan parçaları, yaklaşık üç parmak genişliğinde ve altı parmak uzunluğundaydı. Parçalardan biri giysinin katlanmış kıvrımındandı ve bu parça daha önce onarım görmüştü; diğer parçaysa kenardan değil, etekten bir parçaydı. Parçalar, yırtılmış şeritlere benziyorlardı.' *Le Soleil* burada, farkında olmadan, oldukça şüpheci bir cümle kullanmış. Parçalar, tasvir edildiği gibi, gerçekten de 'yırtılmış şeritlere benziyorlardı', ancak kasti olarak ve elle yırtılmışlardı. Herhangi bir elbiseden, bir parçanın diken aracılığıyla yırtılması çok ender bir olaydır. Bu tarz kumaşların cinsinden ötürü, takılan bir tırnak ya da diken, elbiseyi dikey olarak yırtar, dikenin girdiği zirve noktada birleştirecek ve birbirine dik açı yapacak şekilde onları iki uzunlamasına parçaya ayırır ama bunu 'yırtılmış' diye algılamak pek mümkün değildir. Ne ben ne de siz onu bu şekilde adlandırmazdınız. Hemen her durumda, böylesi bir kumaştan bir parça yırtmak için iki farklı gücün iki ayrı yönden devreye girmesi gerekecektir. Eğer kumaşın iki köşesi olsaydı, örneğin bu bir cep mendili olsa ve bir parça koparılmak istenseydi, o zaman, ancak o zaman tek bir güç yırtmaya yeterli olacaktı. Ancak önümüzdeki vakada, tek kenarı olan bir elbise söz konusu. Herhangi bir köşe bulunmadığında içerden bir parça yırtmak, ancak mucizevi bir şekilde birkaç dikenin işbirliğiyle mümkün olabilir; tek dikenin başarabileceği bir iş değildir. Ama köşe olsa bile biri iki farklı yöne, diğeriyse bir yöne giden iki dikenin faaliyette bulunması gerekir. Üstelik de köşenin kıvrımsız olduğunu varsayıyoruz. Kıvrımlı olsa zaten mesele kapanmış demektir. Parçaların dikenler aracılığıyla yırtılmış olmasının önündeki çok sayıdaki engeli böylece görüyoruz; ancak bizden bir değil, pek çok parçanın bu şekilde yırtılmış olduğuna inanmamız bekleniyor. Üstelik, 'parçalardan biri giysinin katlanmış kıvrımındandı.' Diğer parçaysa, 'kenardan değil, etekten bir parçaydı', yani elbisenin kenarsız iç kesiminden, dikenler aracılığıyla yırtıldığı söyleniyor! Bence bunlar, kişinin inanmadığı için bağışlanabileceği şeylerdir; ancak yine de bir araya getirildiğinde, eşyaların oraya, cesedi kaldırmayı düşünecek kadar tedbir alacak vakti olan katiller tarafından konulduğu fikrine kıyasla daha az şüphe çekici. Ancak, vahşetin işlendiği yerin bu çalılık olduğunu yalanlamak amacında olduğumu düşünüyorsan, beni doğru anlamamışsın demektir. Burada bir yanlışlık yapılmış ya da Bayan Deluc'un evinde bir kaza yaşanmış olabilir. Ama esasında bu ikincil bir nokta. Biz cinayetin işlendiği yeri değil, cinayeti işleyenleri bulmaya çalışıyoruz. Benim ortaya koyduğum şey, ortaya koyuşumdaki ayrıntı düşkünlüğünü bir kenara bırakırsak, ilk olarak *Le Soleil*'in kendinden emin ve inatçı savlarının sersemce olduğunu göstermek, ikinci ve esas olarak da, sizi en doğal yoldan, cinayetin bir çete tarafından işlenip işlenmediği şüphesi üzerine düşünmeye sevk etmektir.

Bu soruna, soruşturmada görev alan cerrahın verdiği isyan ettirici ayrıntılara ince bir kinaye yaparak devam edeceğiz. Cerrahın yayınlanmış çıkarımları arasından olaya karışmış serserilerin sayısı hakkındaki kısmının, normal olarak Paris'teki bütün saygıdeğer anatomi uzmanları tarafından yersiz ve temelsiz bulunarak alaya alındığını söylemem yeterli olacaktır. Mesele, cerrahın çıkarımda bulunduğu şekilde gerçekleşmemiş olabileceği değil, böyle bir çıkarım içi yeterli zemin bulunmaması; örneğin, farklı bir çıkarım için yeterli zemin yok muydu?

Biraz, 'kavga izleri' üzerine düşünelim; izninle, bu izlerin neyi gösterdiği varsayılıyor diye sorayım: Bir çete. Ama bunlar daha ziyade, bir çete bulunmadığını göstermiyor mu? Zayıf ve savunmasız genç bir kızla varsaydığımız serseri çete arasında, her tarafa iz bırakacak kadar şiddetli ve sürekli nasıl bir kavga yaşanmış olabilir? Birkaç sert kolun sessiz kavrayışıyla her şeyin bitmiş olması gerekirdi. Kurban, onlar karşısında çok zayıf kalırdı. Bu noktada şunu aklından çıkarmamalısın ki, suçun işlendiği yerin çalılık olduğu fikrine karşı ortaya sürülen savlar, büyük oranda vahşetin ancak birden fazla kişi tarafından işlenmiş olması halinde geçerlidir. İzleri görünür halde bırakacak denli şiddetli ve inatçı bir kavga sonucuna, eğer birden fazla suçlu düşünürsek, ancak o zaman, yalnız o zaman varabiliriz.

Söz konusu eşyaların çalılıkta uzunca kalmasının bile şüphe uyandırıcı olduğunu önceden belirtmiştim, tekrar edeyim. Suç kanıtlarının, bulundukları yere kazara bırakılmış olması neredeyse imkânsız görünüyor. Cesedi kaldıracak kadar akılları yerindeydi (öyle olduğu varsayılıyor) ancak bizzat cesetten daha somut bir kanıtın (çürümeden dolayı yüz hatları hızla bozulabilirdi) vahşetin yaşandığı yere bırakılmasına izin verildi: Merhumun adının yazılı olduğu cep mendilinden söz ediyorum. Eğer bu bir hata idiyse, bir çete hatası değildi. Bunu, bir birey hatası olarak düşünebiliriz ancak. Bir bakalım: Bir kişi cinayet işledi ve merhumun hayaletiyle yalnız başına. Önünde hareketsiz duran cesetten etkileniyor. Tutkusunun ateşi geçiyor ve yaptığından dolayı doğal olarak dehşete düşüyor. Başkalarıyla beraberliğin verdiği güven duygusundan eser yok: Ölüyle yalnızdır. Ürpermiş ve dehşete düşmüştür. Ancak cesetten kurtulmakla uğraşmak zorunda. Cesedi nehre taşıyor ama suçun diğer kanıtlarını arkasında bırakıyor, çünkü bütün yükü tek seferde taşıması imkânsız değilse bile zor, ayrıca bıraktıkları için her zaman geri dönebilir. Ancak suya yaptığı bu ağır yolculuk sırasında korkusu ikiye katlanıyor. Yaşam sesleri yolunu çevreliyor. Onlarca kez, bir gözetleyenin adımını duyuyor ya da düşlüyor. Şehrin ışıkları bile onu sersemletiyor. Yine de zamanla, uzun ve sık ıstıraplı duraklamalardan sonra nehre ulaşıyor, belki bir sandal aracılığıyla hortlaksı yükünden kurtuluyor. Artık dünyadaki hangi hazine, ne gibi bir intikam tehdidi, bunlardan hangisi o yalnız katili, o ağır ve zahmetli yola, o kan dondurucu hatıralara sahip çalılığa döndürecek güce sahiptir? Sonucu her ne olursa olsun, dönmüyor. İstese de dönemez. Aklındaki tek şey hemen oradan kaçmak. O korkunç çalılığa ebediyen arkasını dönüyor ve peşindeki gazaptan kaçıyor.

Peki ya bir çete olsaydı? Sayıları onları özgüvenle dolduracaktı, tabii bu adi serserilerin göğüslerinde özgüven azalıyorsa; zaten söz konusu çeteler de yalnız böyle alçaklardan oluşur. Çok sayıda olmaları, tek bir bireyi hareketsiz kıldığını düşündüğümüz etkileyici ve mantık dışı dehşet duygusunu engelleyecekti. Bir, iki, üç kişi böyle bir duyguya kapılsa bile, dördüncü kişi bunun önünü kesebilirdi. Arkalarında hiçbir eşya bırakmayacaklar, çünkü sayıları her şeyi bir seferde taşıyabilmelerini sağlayacaktı. Geri dönmek için de bir nedenleri olmayacaktı.

Şimdi şu durum hakkında düşünelim: Cesedin mantosu bulunduğunda 'şerit biçiminde yırtılmış ama kopartılmamış, beline üç kez dolandıktan sonra bir düğümle arkasından bağlanmıştı.' Belli ki bu, cesedi taşırken bir sap yapmak amacıyla tasarlanmıştı. Sayılı bir grup, böylesi bir aksesuar yapmak ihtiyacı duyar mıydı? Üç dört kişi için kol ve bacakları elle taşımak, olabilirliği bir yana taşımak için en iyi yoldur. Düzenek tek bir kişiye aitti; böylece, 'çalılıkla nehir arasındaki çitlerden bir kısmının kırık olduğu görülmüştü ve topraktaki izlerden, ağır bir yükün taşındığı anlaşılıyordu' ifadesine geliyoruz. Belli sayıdaki kişiler, cesedi çitin üstüne kolayca kaldırmak varken, içinden geçirmek için onu kırmak gibi gereksiz bir zahmete girişirler miydi? Belli sayıdaki kişiler, cesedi, açıkça iz bırakacak şekilde sürükler miydi?

Bu noktada *Le Commerciel*'in bir gözlemini ele almamız gerekiyor; önceden de belli oranda üzerinde yorum yaptığım şu gözlemi: 'Talihsiz kızın jüponlarından biri altmış santim uzunluğunda ve otuz santim genişliğinde kesilmiş, kafasının ardından dolanmış ve çenesinin altından —büyük olasılıkla çığlık atmasını önlemek için— sıkıca bağlanmıştı. Bunlar, yanında cep mendili bulunmayan kişilerce yapılmıştı.'

Gerçek bir serserinin asla cep mendilsiz dolaşmadığını önceden söylemiştim. Ama özellikle değinmek istediğim olgu bu değil. Bağ atılmasının nedeninin, *Le Commerciel*'in öne sürdüğü gibi mendil ihtiyacından kaynaklanmadığı çalılıkta bırakılan mendilden, amacın 'çığlık atılmasını önlemek' olmadığı da bağın bu amaçla daha iyi bağlanabileceğinden belli. Söz konusu bağ hakkındaki bulgu şöyle ifade edilmiş: 'Parça kızın boynuna gevşekçe bağlanmış ve sıkıca düğümlenmişti.' Bu ifadeler muğlak; ancak yine de *Le Commerciel*'in ifadesinden temelden farklı. Şerit kırk santim enindeydi; bu yüzden, muslin olsa bile yatay olarak katlandığında ya da büküldüğünde sağlam bir şerit haline geliyordu. Zaten bulunduğunda da bükülmüş haldeydi. Benim çıkarımım şöyle: Yalnız katil, belinden attığı bir düğüm aracılığıyla (korudan ya da başka bir yerden) cesedi taşıyarak belli bir mesafe ilerledikten sonra, bu şekilde devam etmesi halinde gücünün ağırlığı taşımaya yetmeyeceğini anladı ve yükünü sürüklemeye karar verdi; zaten izler de sürüklendiğini gösteriyor. Bu yeni fikirle, beden uzantılarından birine ip gibi bir şey bağlamak gerekli hale geldi. Bağın bağlanacağı en iyi yer, başın kaymasını engelleyeceğinden, boyun olacaktı. O anda katil, beldeki düğümü kullanmayı düşünmüştür şüphesiz. Öyle de yapacaktı ama bedene sarılmıştı, düğümlüydü ve elbiseden yırtılmış bir parça gibi durmuyordu. İç eteklikten yeni bir parça koparmak daha kolaydı. Şeridi yırttı, hızla boyundan doladı ve bu şekilde kurbanını nehir kıyısına kadar sürükledi. Mükemmel olmasa da amacına hizmet edebilen bu 'sargı'nın ancak zorluk ve gecikmeyle elde edilebilmiş olması (sargının kullanılmış olması, onu kullanma ihtiyacının, cep mendilinin artık erişilemez bir durumda olmasından kaynaklandığını göstermektedir) çalılıktan —eğer orası bir çalılık idiyse— ayrıldıktan sonra, çalılıkla nehir arasındaki yolda ortaya çıktığı anlamına gelir.

Ancak, diyeceksin ki Bayan Deluc'un (!) ifadesi, cinayet saatinde veya o sıralarda, çalılık civarındaki bir çeteye özellikle işaret etmektedir. Bunu ben de onaylıyorum. Vahşetin yaşandığı anda veya o sıralarda Barrière du Roule civarında, Bayan Deluc'un tasvir ettiği gibi bir düzine çete olmadığından kuşku duyarım. Bayan Deluc'un gecikmeli ve oldukça şüpheli ifadesine bakarsak, kekini yiyip brendisini içerken bu dürüst ve vicdanlı bayanın dikkatini yalnız bir çetenin çekmiş olmasının nedeni, onların hesap ödeme zahmetine katlanmamış olmalarıdır. *Et hinc illoe iroe?**

Peki Bayan Deluc'un getirdiği ana kanıt nedir? 'Şamatacı bir grup serseri ortaya çıkmış, ödeme yapmadan yiyip içmişler ve çiftin kullandığı yola saparak ayrılmışlar; günbatımında hana geri dönmüş ve büyük bir telaş içindelermiş gibi hızla tekrar nehrin karşı kıyısına geçmişler.'

Şimdi, bu 'büyük telaş', Bayan Deluc'un gözüne aslından daha da büyükmüş gibi görünmüş olabilir; ne de olsa o, uzun süreyle ve derin derin, hesabı ödenmemiş kek ve biraların —belki hesabını alma konusunda halen sönük de olsa bir umut taşıdığı kek ve biraların— yasını tutmuştu. Aksi halde, neden akşam olmasına rağmen, adamların acele gidişini belirtsin ki? Serseri bir çete bile olsa, neticede geniş bir nehri ufak bir sandalla geçmek gerekiyor, fırtına geliyor ve gece yaklaşıyor.

Yaklaşırken diyorum, çünkü henüz gece gelmemişti. Bu gaddarların yersiz aceleleri Bayan Deluc'un dikkatli gözlerine takıldığında akşamüstü saatleriydi. Ancak bize söylendiğine göre, Bayan Deluc ve büyük oğlunun 'han çevresinden gelen bir kadın çığlığı işittikleri' zaman da, yine aynı akşamdı. Peki Bayan Deluc çığlıkları duyduğu anı, akşamın hangi evresinde değerlendiriyor? 'Karanlık çöktükten az sonra,' diyor. Ancak, 'karanlık çöktükten az sonra,' demek, en azından karanlık çökmüş demektir; 'akşamüstü' ise kesinlikle gün ışığı barındırır. Yani, şurası gayet açık ki çete, Bayan Deluc tarafından duyulan (?) çığlıklardan önce Barrière du Roule'dan ayrılmışlardı. Ayrıca, tanık raporlarındaki bütün göreceli ifadeler, seninle olan şu konuşmamda kullandığım gibi birbirinden ayrı ve

* Özgün metinde Latince: Öfkesi bundan dolayı mıydı? (Ç.N.)

değişmez olarak değerlendirilmesine rağmen, ifadelerdeki ciddi çelişkilere ne halk gazeteleri, ne de polis yardakçıları değindi.

Çete aleyhine bir sav daha ekleyeceğim; ama bu sav —en azından benim kanımca— karşı konulamayacak ciddiyette. Vaat edilen büyük ödül ve tam af garantisi halinde, bu aşağılık serserilerden oluşan bir çetenin üyesinin ya da herhangi başka tarz bir grup üyesinin, suç ortağını ihbar etmesinin bu kadar uzun süreceği düşülemez. Bu tarz çetelerdeki hiçbir üyenin ödül hırsı veya kaçış hevesi, ihanete uğrama korkusu kadar fazla değildir. İhanete uğramamak için, önce kendisi isteyerek ihanet eder. Gizin açığa çıkmamış olması, bunun bir giz olduğunun en iyi kanıtıdır. Bu karanlık olayın dehşetini bir-iki insan ve Tanrı biliyor.

Şimdi uzun incelememizin yetersiz ama kesin sonuçlarını özetleyelim. Ya Bayan Deluc'un çatısı altında ölümcül bir kaza yaşandığı ya da merhumun bir âşığı veya en azından yakın bir ilişkisi olan gizli bir dostu tarafından bir cinayet işlendiği fikrine ulaştık. Bu arkadaşı esmer tenli biri. Ten rengi, sargıdaki 'düğüm' ve bone kurdelesine atılan 'denizci düğümü', bir denizciyi işaret ediyor. Neşeli ama aşüfte olmayan merhumla ilişkisi, onu ortalama bir denizcinin üstüne çıkartıyor. Gazetelere gönderilen iyi imlalı ve acil ihbarlar da bunu doğrular nitelikte. *Le Mercurie*'de anlatılan ilk kaçıştaki koşullar ve talihsiz kızı suç işlemeye yönlendirmekle bilinen ilk kişi olan 'deniz subayı' da, denizci fikriyle uyuşuyor.

Tam bu noktada, esmer tenli kişinin devamlı yokluğu hakkında fikir yürütme zamanı gelmiş oluyor. Burada bir ara verip adamın ten renginin koyu ve yanık olduğunu belirtmeme izin ver; bu yanıklığın sıradan olmaması, gerek Valence gerekse Bayan Deluc tarafından hatırlanmasının da tek nedeniydi. Peki bu adam niye ortada yok? Çete tarafından mı öldürüldü? Eğer öyle olmuşsa neden ortada yalnız öldürülen kızın izleri var? Doğal olarak, iki vahşetin de aynı izleri bırakacağını düşünebiliriz. Peki ceset nerede? Katiller çok büyük olasılıkla iki cesetten de aynı yöntemle kurtulmuşlardır. Ancak adamın yaşadığı ve cinayetle yargılanmamak için ortaya çıkmaktan çekindiği de söylenebilir. Bu düşüncenin —bu kadar geç bir zamanda— onun üzerinde etkili olduğu düşünülebilir; ne de olsa Marie ile birlikteliği gündeme geldi ama olayın işlendiği sırada pek etki etmezdi. Masum bir adamın ilk yapacağı, vahşeti haber vermek ve serserilerin tanımlanmasına yardım etmek olurdu. Doğru davranış buydu. Kızla beraber görülmüş, onunla birlikte üstü açık bir tekneyle nehri geçmişti. Katilleri ele vermek, bir geri zekâlıya bile şüpheleri üzerinden atmanın tek ve en emin yolu olarak görünür. Ölümcül Pazar günü onun hem masum hem de vahşetten habersiz olduğunu öne süremeyiz. Ama eğer yaşıyorsa, katilleri ele vermemesi ancak bu şartlar dahilinde açıklanabilir.

Peki gerçeğe ulaşmak için hangi araçlara sahibiz? İlerledikçe, bu araçların katlanarak artacağını, netlik sağlayacağını göreceğiz. Şimdi yön değiştirip ilk kaçma olayının temeline inelim. 'Subay'ın bütün geçmişine, şu andaki durumuna ve cinayet sırasında nerede olduğuna bir bakalım. *Akşam Gazetesi*'ne gönderilen ve işi çeteye yüklemeyi amaçlayan ihbarları birbiriyle karşılaştıralım. Bu bittikten sonra da ihbarları gerek tarz gerekse üslup bakımından, önceki dönemde *Sabah Gazetesi*'ne gönderilmiş, Mennais'in suçluluğu konusunda şiddetle ısrar eden ihbarlarla karşılaştıralım. Ve bu da bittikten sonra, bu birbirinden farklı ihbarları, subayın bilinen el yazısıyla karşılaştıralım. Bayan Deluc ve çocuklarını tekrar tekrar sorgulayarak, 'esmer tenli adam'ın fiziksel görünüşü ve davranışları hakkında biraz daha bilgi edinmeye çalışalım. Ustaca yönlendirilen sorgular, bu konu —ve diğer konular— hakkında, bildiklerinin farkında bile olmadıkları bilgileri almamızda bizi yüz üstü bırakmayacaktır. Ayrıca cesedin bulunmasından az önce, 23 Haziran günü görevli memurun haberi olmadan ve dümensiz olarak mavna odasından alınan teknenin izini sürelim. Uygun bir titizlik ve sabır göstererek kesinlikle tekneyi bulabiliriz; ne de olsa mavnacının tanımlaması bir yana, dümen de elimizde. Yüreği sakin biri, herhangi bir arama yapmadan bir yelkenli dümenini orada bırakmazdı. Burada ara verip bir soru çıtlatmama izin ver. Teknenin alınışını isteyen bir ilan yoktu. Sessizce mavnaya çekildi ve sessizce oradan götürüldü. Peki nasıl oluyor da bu teknenin sahibi ya da işleticisi, herhangi bir ilan görmeksizin, Pazartesi alınan teknenin yerini Salı sabahı hemen bilebiliyor? Özellikle de donanmayla bir bağlantısı, tekneyle ilgili en ufak bir bilgiye ulaşmasını sağlayacak sağlam bir bağlantısı olduğunu düşünmezsek... Gerçekten haber olacak nitelikte değil mi?

Yükünü sürükleyerek nehir kıyısına götüren yalnız katilden söz ederken, bir tekne kullanma olasılığından da bahsetmiştim. Şimdi öyle anlaşılıyor ki, Marie Rogêt teknenin birinden düşmüş. Sonuç, doğal olarak bunu belirtiyor. Sırt ve omuzlardaki özgün yaralar teknenin alt kaburgalarına işaret ediyor. Cesedin ağırlık bağlanmadan bulunmuş olması da teorimle uyumlu. Kıyıdan atılmış olsa ağırlık bağlanırdı. Ağırlığın yokluğunu, ancak katilin tedbirsiz davranarak cesedi atmadan önce yanına ağırlık almayı unutmuş olmasıyla açıklayabiliriz. Cesedi suya atınca tedbirsizliğinin farkına kesinlikle varmışsa da artık yapabileceği herhangi bir şey yoktu. O belalı kıyıya geri gitmektense her türlü riski almaya razıydı. Kötücül yükünden kurtulduktan sonra hızla kente yönelmiştir. O taraflarda, gözden uzak bir limanda karaya ayak basmıştır. Peki ya tekne, onu nereye bağladı? Tekneyi bağlamakla uğraşamayacak kadar acelesi vardır. Ayrıca tekneyi iskeleye bağlayarak, sanki aleyhine bir delili de bağlıyormuş gibi hissetmiştir. Doğal bir güdüyle, suçla ilgili her şeyden mümkün olduğunca uzaklaşmaya çalıştı. Limandan uzaklaşmakla yetinmeyerek teknenin orada kalmasına da izin vermedi. Tekne sürüklenmeye başlayacaktı elbette. Savlarımızı izlemeye devam edelim: Sabahleyin sandalın her gün uğradığı —belki de görevinden dolayı uğramak zorunda olduğu— bir yere çekilip alındığını görünce bu adi adam betimlenemeyecek bir dehşete kapılır. Ertesi akşam dümenin nerede olduğunu sormaya cesaret bile etmeden, tekneyi oradan alır. Peki bu dümensiz tekne nerededir? İlk hedeflerimizden biri onu bulmak olmalı. Tekneyi ele geçirdiğimiz ilk anla birlikte başarımızın şafağı da sökmüş olacak. Bu tekne bizi, bizler için bile şaşırtıcı olacak bir hızla, o ölümcül tatil günü sabahı kendisini kullanan kişiye götürecektir. Teyit üzerine teyit gelecek, katilin peşine düşülecektir.

[Dupin'in edindiği görünüşte zayıf ipucundan sonra yaşananları, burada açıklamayacağımız ama okuyucularımızın anlayacağı nedenlerden ötürü, bize verilen el yazısından çıkarma kararını aldık. Ancak kısaca, amaçlanan sonuca ulaşıldığını ve Şef'in istemeyerek de olsa, Şövalye'ye verdiği sözünü tam anlamıyla yerine getirdiğini belirtmemiz uygun olur diye düşündük. Bay Poe'nun makalesi aşağıdaki sözlerle son buluyor. –Editörün Notu]

Rastlantılardan söz ettiğim ve başka bir şeyden söz etmediğim anlaşılacaktır. Bu konu hakkında yukarda anlattıklarım yeterli olacaktır. Kalbimde doğaüstüne bir inanışım yoktur. Doğa ve Tanrısı birdir, düşünen kimse bunu yalanlamaz. İkinci adı geçenin birincisini yarattığı ve onu istediği gibi kontrol edip değiştirebileceği de kuşku götürmez. 'İstediği gibi' diyorum, çünkü bu bir irade meselesidir; mantık çılgınlığının kabullendiği gibi güç sorunu değil. İlahi Varlık yasalarını değiştiremez demiyorum ama bu yasaları değiştirme zorunluluğu olduğunu düşünerek O'na hakaret ediyoruz. Esasında bu yasalar, gelecekteki tüm olasılıkları kendinde barındıracak şekilde tasarlanmıştır. Tanrı için her şey şimdidedir.

Öyleyse, bu şeylerden ancak rastlantılar olarak söz ettiğimi yineleyeyim. Dahası, anlattıklarımdan bedbaht Mary Cecilia Roger'ın yazgısı —bilindiği kadarıyla— ile Marie Rogêt'in hayatının bir noktasına kadar olan yazgısı arasında, mantığın muhteşem kesinliğiyle düşünenleri utandıracak bir paralellik görülecektir. Bence tüm bunlar fark edilecektir. Ancak, az önce sözü ettiğim kesitin ardından Marie'nin başına gelen üzücü olaylara geçmem ve kızı örten gizemi sonuçlandırma takibiyle devam etmemle bir an bile, paralelliği genişletmek veya bir cilvelinin katilini bulmak için Paris'te kullanılan yöntemlerin ya da benzeri usavuruma dayanan yöntemlerin benzer sonuçlar doğuracağını ima etmek amacı taşıdığım sanılmasın.

Çünkü, böyle bir sanrının ikinci olasılığı söz konusu olduğunda, iki vakanın olgularındaki en ufak bir ayrıntı farklılığının bile oldukça hatalı hesaplamalara yol açacağı, iki farklı olayı değişik yönlere saptıracağı düşünülmelidir; aynı aritmetikteki gibi, bir hata, bireysel olarak çok fark edilmese bile uzun süre zarfında soruşturmanın her safhasında katlanarak artar ve varılan sonuç, hakikatten oldukça farklı hale gelir. İlk olasılık halindeyse referansta bulunduğumuz Olasılık Hesabı'nın, paralelin genişlemesi fikrinin önünü tamamen kestiğini gözden kaçırmamalıyız; paralelin zaten epey uzun ve kesin çizilmiş olması oranında onu güçlü ve şüphesiz bir kesinlikle kestiğini. Bu, matematikten tamamıyla bağımsızmış gibi görünen ama yalnız matematikçilerin bütünüyle kavrayabileceği tuhaf önermelerdendir. Örneğin hiçbir şey genel okuyucuyu, bir zar oyununda üst üste iki kez altı atılmışsa, üçüncü kez altı gelmeyeceğine dair en yüksek miktarı koymaya ikna edemez. Böylesi bir sonuca yönelik önermeler mantık tarafından anında reddedilir. Tamamlanmış, artık tamamen geçmişte kalmış iki atış, gelecekte gerçekleşecek atışa etki edecek gibi görünmez. Altı atma olasılığı herhangi bir başka zamankiyle tamamen aynı gibi görünür; yani etkiler zarla yapılan diğer başka atışlardaki kadardır. Bu kanı öylesine net görünür ki, aksini ispata kalkıştığınızda saygılı bir dikkat yerine alaycı bir gülümsemeyle karşılaşırsınız. Buradaki hatayı —sahtekârlığı anımsatan devasa hatayı— şu an bana ayrılan dar sınırlar içinde açığa kavuşturmaya kalkışamam; zaten felsefi düşünceye sahip kişiler için böyle bir açığa vurma gereksizdir. Bu noktada şunu söylemek yeterli olacaktır: Bu hata, mantığın doğruyu ayrıntıda arama eğilimi yüzünden ortaya çıkan sayısız hatadan biridir.

Çalınan Mektup

*"Nihil sapientiae odiosius acumine nimio."**

Seneca

18-- sonbaharının fırtınalı bir akşamında, günbatımından az sonra, Paris'te, dostum Ş. Auguste Dupin'le birlikte, onun Dunot Caddesi No: 33, Kat: 3, Faubourg St. Germain'deki dairesinin arka kütüphanesinde —kitap odası da denilebilir—, düşünceye dalmış olmanın ve lületaşı tüttürmenin çifte keyfini sürmekteydim. En az bir saattir derin bir sessizlik içindeydik; bizi dışarıdan izleyen biri, ikimizin de özellikle ve isteyerek, kendimizi odayı sarmış kıvrık dumanlara kaptırdığımızı sanabilirdi. Halbuki ben, günün önceki bir saatinde konuşmuş olduğumuz, Morgue Sokağı cinayetlerini ve Marie Roget'in ölümündeki gizemi düşünmekteydim. Bu yüzden de, dairemizin kapısı açılıp da eski bir dostumuz olan Paris Emniyet Şefi Bay G-- içeri girince, bunun ilginç bir tesadüf olduğunu düşündüm.

---

* Özgün metinde Latince: "Sağduyu söz konusu olduğunda, en yakışıksız şey gereksiz kurnazlıktır." (Ç.N.)

Gerek uzun zamandır görmemiş olduğumuzdan, gerekse itici yönlerinin yarısı kadar da olsa bazı sevimli tarafları bulunduğundan, kendisini sıcak bir şekilde karşıladık. Karanlıkta oturmaktaydık ve Dupin lambayı yakmak için kalkmıştı. Ama Bay G--'nin, kendilerini epey sıkıntıya sokmuş resmi bir iş için bizi görmeye, daha doğrusu arkadaşıma danışmaya geldiğini söylemesi üzerine, Dupin lambayı yakmadan tekrar yerine oturdu.

Fitili yakmaktan vazgeçmiş olan Dupin, "Eğer tefekkür gerektirecek bir konuysa, konuyu karanlıkta değerlendirsek daha iyi olur," dedi.

"Tuhaf huylarından biri de bu..." dedi, anlayamadığı her şeye "tuhaf" damgası koyan ve bu yüzden de "tuhaflar içinde" yaşayan Şef.

"Haklısın," dedi Dupin, konuğuna pipo uzatıp ona doğru sandalye çekerken.

"Mesele nedir?" diye sordu. "Umarım cinayet falan işlenmemiştir."

"Oh, hayır; o tarz bir şey değil. Mesele aslında gayet basit ve kendi kaynaklarımızla çözebileceğimiz noktasında hiç şüphem yok. Ama bu kadar tuhaf bir meseleyi Dupin de duymak isteyecektir diye düşündüm."

"Hem basit, hem de tuhaf öyle mi?" dedi Dupin.

"Eh, evet. Tam öyle de değil aslında. Açıkçası, kafamız epey karışmış durumda, çünkü olay çok basit ama yine de çözemiyoruz."

"Belki de sizi yanlış yöne sevk eden, olayın basitliğidir," dedi dostum.

"Hep böyle saçma konuşursun zaten," dedi Polis Şefi, içtenlikle gülerek.

"Belki de gizem, haddinden fazla basittir," dedi Dupin.

"Aman Tanrım! Nereden buluyorsun böyle fikirleri?"

"Veya haddinden fazla belirgindir."

"Ha! Ha! Ha! - Ha! Ha! Ha! - Ho! Ho! Ho!" diye gürlemekteydi ziyaretçimiz, belli ki epey eğlenmekteydi. "Ah, Dupin! Beni gülmekten öldüreceksin!"

"Peki mesele nedir?" diye sordum.

"Anlatayım tabii," dedi Polis Şefi. Uzun, sakin ve düşünceli bir iç çekişten sonra sandalyeye yerleşti. "Birkaç kelimeyle meseleyi anlatacağım ama başlamadan önce şunu belirteyim ki, mesele ciddi bir gizlilik gerektiriyor ve eğer konuyu birisine açtığım öğrenilirse büyük olasılıkla şu anki mevkiimi kaybederim."

"Devam edin," dedim.

"Ya da etme," dedi Dupin.

"Oldukça üst mevkiden biri tarafından bizzat bilgilendirildiğim kadarıyla, Kraliyet konutlarının birinden oldukça önemli bir belge çalınmış. Çalan kişinin kimliği biliniyor; hem de herhangi bir kuşkuya yer bırakmayacak şekilde, çünkü çalarken görülmüş. Ayrıca halen elinde bulundurduğu da biliniyor."

"O nasıl biliniyor?" diye sordu Dupin.

"Belgenin içeriğinden ve onu çalan kişinin, çalmasının nedeni olan plan dahilinde belgeyi elden çıkardığında ortaya çıkması gereken sonuçların belirmemiş olmasından."

"Biraz daha açık olun," dedim.

"Sanırım şunu söylemeyi göze alabilirim: Bu belge, kendisini elinde bulunduran kişiye, belli bir makama karşı, üstünlüğün oldukça değerli olduğu bir noktada, ciddi bir avantaj sağlıyor." Şef diplomasinin ağdalı dilini kullanmaya bayılırdı.

"Halen anlamış değilim," dedim.

"Anlamadınız mı? Eğer bu belge, adını açıklamayacağım üçüncü bir kişiye verilecek olursa, oldukça yüksek mevkideki bir kişinin onuruna gölge düşecek. Bu durum belge sahibine, onuru ve huzuru tehlike altında olan, adını belirtmediğim kişiye karşı ciddi bir üstünlük sağlıyor."

"Ama bu üstünlük," diye araya girdim, "belgeyi kaybeden kişinin, hırsızın kimliğini anlaması demek oluyor. Kim buna cesaret..."

"Hırsız," dedi G--, "Bakan D----. Kendisi bir centilmene yakışan yakışmayan hemen her şeyi göze alan biridir. Hırsızlığın işlenişindeki kurnazlık da, adamın cesaretinden daha az dikkat çekici değil. Söz konusu belge —daha doğrusu mektup— yatak odasında yalnızken hırsızlığa uğrayan kadının eline geçiyor. Tam mektubu incelerken, mektubun kendisinden saklanması gereken yüksek mevkie sahip kişi içeri giriyor. Kâğıdı heyecanla çekmeceye saklamaya çalışıyor ama beceremiyor ve olduğu gibi masada bırakmak durumunda kalıyor. Gönderen adresi üst tarafta ve yazı kısmı görünmeyecek şekilde olduğundan mektup diğer kişi tarafından fark edilmiyor. Tam bu sırada içeri Bakan D---- giriyor. Keskin gözleri hemen mektubu fark ediyor, gönderen adresindeki el yazısını tanıyor, kadının tedirgin olduğunu gözlemliyor ve işin içinde bir sır olduğunu anlıyor. Her zamanki aceleci tavrıyla birkaç iş meselesi üzerine konuştuktan sonra bir mektup çıkarıyor, mektubu açıp okuyormuş gibi yapıyor ve kadına gönderilmiş olan mektubun yanına bırakıyor. Sonraki on beş dakika boyunca kamu meseleleri üzerine konuşuyor. Sonunda, gitmek üzere kalkıyor ve masadan, kendisine ait olmayan mektubu alıyor. Mektubun esas sahibi olan kadın bunu fark ediyor ama mektubu kendisinden saklaması gereken kişi hemen yanı başında olduğundan, bir şey demiyor. Bakan da, kendi önemsiz mektubunu masada bırakarak sıvışıyor."

"Böylece," dedi Dupin, "avantajın üstünlüğe dönüştüğü nokta açıklığa kavuşmuş oluyor: Hırsızın, soyulan kişinin kendini tanıdığını bilmesi."

"Evet," diye yanıtladı Şef. "Bu güç, son birkaç aydır politik avantaj için kullanılmakta; hem de sakıncalı boyutlarda. Soyulan kişi, her geçen gün, mektubun geri alınması gerektiğine daha çok inanıyor. Ama tabii ki bunu açıkça yapamıyor. Sonunda, umutsuzluk içinde konuyu bana getirdi."

"Zaten," dedi Dupin, mükemmel bir çember halinde yükselen dumanlar arasından, "senden daha zeki birini ne isteyebilir ne de düşünebilirdi."

"Sizin de katılacağınız üzere," dedim, "mektubun halen Bakanda olduğu kesin. Zaten üstünlük, mektubun dışarı verilmesiyle değil, elde tutulmasıyla sağlanabiliyor. Mektup dışarı verilse, hırsızın üstünlüğü de elinden gitmiş olacak."

"Doğru," dedi G----. "Ben de hep bu fikir üzerinden hareket ettim. İlk yaptığım Bakanın otel odasını baştan sona aramak olmuştu; elbette bu noktada, aramayı fark etmemesinin gerekmesi gibi bir pürüzle karşı karşıya kalmıştım. Her şeyden öte, peşinde olduğumuzdan kuşkulanmaması gerektiği konusunda uyarılmıştım."

"Ama," dedim, "siz bu konuda oldukça deneyimlisinizdir. Paris Polisi önceden pek çok kez bu tür işler yapmıştır."

"Elbette, zaten bu yüzden de umutsuzluğa kapılmıyorum. Bakanın yaşam biçimi de işimi epey kolaylaştırdı.

Gecenin çoğunu evden uzakta geçiriyor. Çok fazla hizmetçisi yok; zaten hizmetçiler işverenlerinden epey uzaktaki bir dairede yatıyorlar, ayrıca çoğu Napolili olduğundan, kolaylıkla sarhoş oluyorlar. Bilirsiniz, elimde Paris'teki her tür kapı ve dolabı açabilecek aletler var. Emin olun, son üç ayda, D----'nin odasını aramadığım bir gece geçmedi. Onurum söz konusu, ayrıca size bir sır vereyim, ödülüm oldukça büyük. Ben de, adamın benden daha kurnaz olduğuna ikna olana dek aramayı kesmedim. Yanılmıyorsam, kâğıdın saklanmış olabileceği her kuytu köşeye de baktım."

"Peki," diye fikir yürüttüm. "Mektup Bakanın elinde olsa bile, ki kesinlikle öyle, onu kendi dairesinden başka bir yerde saklıyor olamaz mı?"

"Bu pek mümkün değil," dedi Dupin. "Saraydaki meselelerin şu anki durumu, özellikle D----'nin karıştığı bilinen entrikalar, mektubun aniden ortaya çıkarılmasını gerektirebilecek nitelikte. Yani mektubun adamın elinin altında bulunması, mektuba sahip olması kadar önemli."

"Aniden ortaya çıkarılması mı?" dedim.

"Ya da hemen yok edilmesi..." dedi Dupin.

"Haklısın," dedim. "Öyleyse mektup kesinlikle dairededir ve onu üzerinde taşıması olasılığını da eleyebiliriz."

"Hem de tamamen," dedi Şef. "İki kez, sanki haydutlar yapıyor gibi göstererek yolunu kestik; üstünün iyice arandığına bizzat tanık oldum."

"Aslında böyle bir zahmete kalkışmanıza gerek yoktu," dedi Dupin. "Anladığım kadarıyla D---- şapşal biri değil, şapşal olmadığına göre bu tarz aramaları önceden düşünmüştür."

"Tam anlamıyla bir şapşal değil," dedi G----. "Ama kendisi bir şair ve bir şair de şapşaldan bir gömlek daha akıllıdır."

"Haklısın," dedi Dupin, piposundan derin bir nefes aldıktan sonra. "Gerçi benim de biraz şiir karalamışlığım vardır ya."

"Yaptığınız aramaları daha ayrıntılı anlatabilir misiniz?" diye sordum.

"Tabii. Açıkçası çok aceleci davranmadık ve her yeri aradık. Bu işlerde epey deneyim sahibiyimdir. Her bir dairede bir hafta çalışarak daire daire bütün binayı aradık. Öncelikle mobilyaları taradık. Bütün çekmecelere baktık; bilirsiniz, iyi eğitimli bir polis memuru için 'saklı çekmece' diye bir şey yoktur. Böyle bir arama sırasında gizli bölmeyi gözünden kaçıran kişi tam bir ahmaktır. Aslında mesele gayet basittir. Her mobilyada, kullanılabilecek belli bir bölme, bir alan vardır. Ayrıca bizim sonuç aldıran yöntemlerimiz vardır ve bir bölmenin ellide biri bile bizden kaçamaz. Çalışma masalarından sonra koltuklara geçtik. Yastıkları, önceden kullandığımı gördüğünüz ince uzun iğnelerle araştırdık. Masaların da üst kısımlarını söktük."

"Neden?"

"Belge saklamayı düşünen kişi, bazen masanın ya da sair bir mobilyanın üst kısmını söker, sonra bacak kısmının içini oyar, belge oyuğa yerleştirilir ve üst kısım tekrar monte edilir. Yatak ayakları ve karyola direkleri de aynı şekilde kullanılabilir."

"Bu oyuk, tıklatarak fark edilmiyor mu?" diye sordum.

“Hem de hiç fark edilmiyor, çünkü belge yerleştirildikten sonra kalan boşluk pamukla doldurulabilir. Ayrıca bu sefer gürültü yapmadan çalışmak zorundaydık.”

“Ama söylediğiniz şekilde bir saklamaya olanak verecek her mobilyanın her parçasını söküp incelemiş olmanız mümkün değil. Mektup, ince bir rulo haline getirilerek, büyük bir dikiş iğnesinden çok da farklı olmayan bir şekil ve hacme sokulabilir. Böylece, örneğin bir sandalyenin ayağındaki oyuğa yerleştirilebilir. Bütün sandalyeleri parçalara ayırmadınız ya.”

“Elbette hayır ama daha iyi bir şey yaptık: Her sandalyenin bağlantı noktasını ve her türden mobilyanın eklenti yerini, oldukça güçlü bir mikroskopla inceledik. Son zamanlarda yapılmış bir kurcalama söz konusu olsa anında fark ederdik. Örneğin matkabın bıraktığı bir toz zerresi, bir elma büyüklüğünde görünürdü. Tutkaldaki herhangi bir farklılaşmayla, bağlantı yerlerindeki herhangi bir açıklıkla gizli oyuğu hemen fark ederdik.”

“Eminim aynaları, pano ve kaplama aralarını, yatak ve çarşafları, hatta perde ve halıları bile kontrol etmişsinizdir.”

“Elbette; her bir mobilyanın her bir noktasını böyle taradıktan sonra binanın kendisine yöneldik. Hiçbir noktayı kaçırmayalım diye tüm dış yüzeyi parçalara ayırıp numaraladık ve bitişiğindeki iki binayı da buna dahil edip her bir noktayı büyüteçle inceledik.”

“Bitişiğindeki iki evi de mi!” diye haykırdım. “Sizi epey uğraştırmıştır.”

“Uğraştırdı. Fakat bize söz verilen ödül de gerçekten müthiş!”

“Binaların etrafındaki zemini de incelediniz mi?”

"Her yer tuğla döşeli. Bizi pek uğraştırmadı. Tuğlalar arasındaki otları inceledik; dokunulmamışlardı."

"D----'nin kâğıtlarını elden geçirmişsinizdir; kitaplara baktınız mı?"

"Elbette, her bir cildi, her bir kapağı açtık. Ayrıca bazı polislerin alışageldiği üzere kitabı gelişigüzel silkelemekle kalmadık, her kitabın her sayfasını çevirdik. Oldukça hassas bir şekilde her bir cildin kalınlığını da ölçtük, her cildi mikroskopla dikkatle inceledik. Cildin herhangi bir noktasına yapılan bir müdahalenin gözümüzden kaçması kesinlikle imkânsızdı. Matbaadan yeni çıkmış beş altı ciltse, iğnelerle boylamasına didik didik incelendi."

"Halıların altındaki zemine baktınız mı?"

"Elbette. Bütün halıları kaldırdık, altlarını mikroskopla inceledik."

"Duvar kâğıtları?"

"Onlar da incelendi."

"Kilere baktınız mı?"

"Evet."

"Demek ki," dedim, "yanlış hesap yapılmış. Mektup düşündüğünüz gibi evin içinde değil."

"Korkarım ki haklısın," dedi Şef. "Evet, Dupin, ne yapmamı önerirsin?"

"Evi baştan aşağı tekrar ara."

"Bu hiç gerekli değil," diye yanıtladı G----. "Mektubun Otelde olmadığına adım gibi eminim."

"Daha iyi bir önerim yok," dedi Dupin. "Sizde mektubun ayrıntılı bir tarifi var, değil mi?"

"Oh, evet." Şef böyle söyledikten sonra, bir not defteri çıkardı ve yüksek sesle kayıp mektubun iç ve özellikle dış görünüşünün ayrıntılı bir tarifini okudu. Okumayı bitirdikten sonra bizden ayrıldı; bu iyi beyefendiyi daha önce hiç bu kadar bunalmış görmemiştim.

Yaklaşık bir ay sonra bize bir ziyarette daha bulundu; neredeyse aynen önceki gelişindeki halimizdeydik. Bir pipo aldı, sandalye çekti ve havadan sudan konuşmaya başladı.

Sonunda, "Peki G----, çalınan mektuba ne oldu?" diye sordum. "Sanırım sonunda Bakanı alt edemeyeceğini anladın."

"Kahrolası adam... Sanırım öyle oldu. Dupin'in önerisi üzerine yine de incelemeleri tekrarladık. Ama düşündüğüm gibi, o kadar emek boşa çıktı."

"Ödül ne kadar demiştin?" dedi Dupin.

"Oh, epey bir para, oldukça cömert bir ödül. Tam rakam vermek istemiyorum ama şu kadarını söyleyeyim ki, mektubu bana getirebilecek kişiye elli bin franklık bir çek yazmaktan çekinmezdim. Mesele şu ki mektubun önemi her geçen gün artıyor ve ödül de yakın zamanda ikiye katlandı. Üçe de katlansa, önceden yapmadığım bir şey kalmadı ki."

"Evet," dedi Dupin yavaşça, iki nefes arasında piposunu tüttürürken. "Bence G----, kendini tamamıyla vermedin bu işe. Biraz daha çaba gösterebilirdin, değil mi?"

"Ne... Nasıl yani?"

"Yani, bir danışman edinebilirdin, değil mi?" dedi piposundan nefes çekerek. "Abernerthy hakkında anlatılan hikâyeyi hatırlar mısın?"

"Hayır, boşver zaten Abernethy'i!"

"Aynen! Boşver gitsin. Ama bir zamanlar, zengin cimrinin biri, tıbbi bir öneri almak amacıyla Abernethy'nin başına musallat olmuş. Bu amaçla, özel bir toplantıda söz alıp şikâyetini sanki marazi bir örnekçesini dile getirmiş. 'Farz edelim ki,' demiş. 'Elimizde şöyle belirtiler var, ne yapmasını önerirdiniz Doktor?'

'Şunu yapmasını: Ücretini ödeyip tavsiye almasını!' demiş Abernethy."

"Ama," dedi Şef, biraz bozulmuştu. "Öneri almaya da, ücretini ödemeye de tamamen hazırım. Bana bu konuda yardımcı olabilecek birine gerçekten de elli bin frank verirdim."

"Öyleyse," dedi Dupin, çekmecenin birini açıp bir çek defteri çıkarırken. "Bana, söylediğin miktar kadarlık bir çek yazsan iyi olur. İmzaladıktan sonra mektubu sana vereceğim."

Şok olmuştum. Şef de yıldırım çarpmışa dönmüştü. Birkaç saniye bir şey söylemeksizin, hareketsizce, ağzı açık, gözleri yuvalarından çıkmış bir halde arkadaşıma bakakaldı. Ardından biraz kendine gelerek bir kalem aldı, birkaç duraksama ve boş bakıştan sonra elli bin franklık çeki imzalayıp Dupin'e uzattı. Dupin çeki dikkatle inceleyip cep defterine koydu, ardından yazı masasındaki bir çekmecenin kilidi açtı ve oradan bir mektup çıkarıp Şefe verdi. Adam büyük bir sevinçle mektubu aldı, titreyen ellerle açtı, hızlıca içeriğine baktı, zar zor kapıya doğru ilerledi, jestsiz, Dupin'in ona mektubu uzatmasından sonra tek bir söz etmeden, odadan odaya geçti ve evden ayrıldı.

Şef gittikten sonra dostum açıklamaya başladı.

"Paris Polisi," dedi, "kendi yöntemlerinde çok başarılıdır. İşlerinin gerektirdiği alanlarda azimli, zeki, kurnaz ve hünerlidir. Bu yüzden G---- bana D---- Oteli'nde yaptığı araştırmaları anlattığında, onun kapsamlı bir iş çıkarttığına emindim; tabii araştırmaya devam ettiği müddetçe."

"Araştırmaya devam ettiği müddetçe mi?" dedim.

"Evet," dedi Dupin. "Benimsedikleri yöntemler duruma en uygun olanları, ayrıca bu yöntemler mükemmel bir şekilde uygulamaya konulmuş. Eğer mektup onların arama alanı dahilinde olsaydı, bu adamlar, hiç kuşkusuz onu bulurlardı."

Ben hafifçe gülümsedim ama o anlattıklarında ciddi gözüküyordu.

"Yöntemleri, kendi sınıflarının en iyileriydi ve uygulama da başarılıydı; terslikse, bu vakaya ve bu kişiye uygulanamaz oluşlarındaydı. Birtakım işe yarar yöntem, Şefin elinde, ki kendisi de inatçının tekidir, kendi anlayışının zorla dayatılması halini alıyor. Bazı durumlarda çok hassas, bazılarında çok ilgisiz davranarak sürekli hataya düşüyor; büyük olasılıkla, çoğu ilkokul öğrencisi ondan daha mantıklı hareket ederdi. Sekiz yaşında bir çocuk biliyorum, bir tahmin oyunu olan 'tek mi çift mi'deki başarısıyla herkeste hayranlık uyandırmıştı. Basit bir oyundur, bilyelerle oynanır. Oyunculardan biri eline bir miktar bilye alır ve diğer oyuncuya elindeki bilye sayısının tek mi çift mi olduğunu sorar. Eğer diğer oyuncunun tahmini doğru çıkarsa, bir bilye kazanır, yanlış tahminde bulunursa bir tane kaybeder. Sözünü ettiğim çocuk, okuldaki bütün bilyeleri kazanmıştı. Elbette, tahminlerinde izlediği bir yöntem vardı, o da gözlem yeteneğine ve rakiplerinin zekâsını ölçmeye dayanıyordu. Diyelim ki rakibi şapşalın teki ve kapalı elini gösterip, 'Tek mi çift mi?' diye soruyor. Bizim çocuk, 'Tek,' deyip kaybediyor ama ikinci sefer kazanıyor, çünkü şöyle düşünüyor: 'Bu şapşal, geçen sefer avucunda çift sayı tutmuştu, onun zekâsını hesaba katacak olursak, bu sefer kesin tek tutacaktır, bu yüzden 'tek' diyeceğim.' Gerçekten de 'tek' der ve kazanır. Eğer karşısında, öncekinden bir gömlek daha akıllı bir şapşal olursa, o zaman da şöyle akıl yürütür: 'Karşımdaki, önceki sefer 'tek' dememden dolayı, dürtüsel olarak, eline ilk önce çift yerine tek sayı almayı düşünecek ama sonradan, bunun da çok basit bir değişiklik olduğu aklına gelecek ve önceki gibi yine eline çift sayıda bilye alacaktır; bu yüzden de 'çift' demeliyim.' Böylece, öğrencimiz 'çift' der ve kazanır. Arkadaşları tarafından 'şans' olarak tanımlanan bu tarz bir akıl yürütme son çözümlemede esasen nedir?"

"Bu yalnızca," dedim, "aklı yürüten kişinin, rakibinin akıl yürütme yöntemini saptayabilmesi."

"Öyle," dedi Dupin. "Çocuğa, bu saptamayı nasıl gerçekleştirdiğini sorduğumda bana şöyle yanıt verdi: Birisinin ne kadar akıllı, ne kadar şapşal ya da ne kadar iyi veya ne kadar fesat olduğunu anlamak, o sırada aklından geçenleri öğrenmek istediğimde, yüz ifademi, mümkün olduğunca karşımdakinin yüz ifadesine benzetmeye çalışır, ardından da bu ifadeyle bağlantılı olarak, zihnimden ya da kalbimden ne tür düşünce ve duyguların geçtiğine dikkat ederim. Çocuğun bu yanıtı, Rochefoucault'a, La Bougève'e, Machiavelli'ye, Campanella'ya atfedilen yüzeysel derinliğin özünü oluşturuyor."

"Bu özdeşleşme," dedim, "yani usavurumcunun, aklını rakibinin akıl yürütme yöntemiyle eşleştirmesi, seni doğru anlamışsam, rakibinin aklından geçenleri doğru anlamasıyla mümkün oluyor."

"Evet, pratik uygulaması ona bağlı," dedi Dupin. "Şef ve takımının sürekli hataya düşmelerinin birinci nedeni böylesi bir özdeşleşmenin eksikliği, ikinci nedeniyse uğraştıkları kişinin zekâ seviyesini yanlış tahmin etmeleri ya da hiç tahmin etmemeleri. Yalnız kendi zekâ anlayışlarını hesaba katıyorlar, saklı bir şey aradıklarında da, kendilerinin saklama yöntemlerine göre arama yapıyorlar. Aslında kitlelerin düşünme yöntemleriyle düşündüklerinden, bir bakıma böyle davranmakta haklılar; fakat şüpheli kişinin düşünme sistemi kendilerininkinden farklıysa, o zaman şüpheli kişi onları pek tabii atlatabilir. Eğer şüphelinin zekâ seviyesi onlarınkinin altındaysa çoğu kez, üzerindeyse her zaman sonuç bu yönde olur. Araştırmalarında ilke çeşitliliği yok. Olağanüstü önemli bir vakada veya herhangi bir ödülden dolayı çalışma şevkine kapıldıklarında ilkelerini değiştirmiyor, aynı yöntemleri ya daha çok genişletiyor ya da daha çok abartıyorlar. Örneğin D----'nin vakasına bakalım; farklı bir eylem yöntemi olarak ne yapıldı ki? Mikroskopla yapılan şu sıkıcı, irdeleyici, ayrıntılı, derinlemesine araştırma, binanın yüzeyini karelere ayırarak incelemek, Şefin insan zekâsı hakkında yılların deneyimiyle oluşturduğu tek bir kanının ya da tek bir kanılar toplamının uygulamadaki abartısından başka nedir? Bir mektup saklamak isteyen herkesin onu, delinen bir sandalye bacağı olmasa bile gizli bir deliğe ya da köşeye sıkıştıracağına dair bir önyargıyla hareket ettiğini ve bu kanıyla hareket ettiğinden, birinin mektubu bir sandalye bacağına tıkmış olabileceğini düşündüğünü görmüyor musun? Ayrıca bu tarz bir gizleme yönteminin ancak sıradan nesneler için, sıradan zekâ seviyesine sahip kişilerce kullanılacağını da görmüyor musun? Zaten ilk akla gelen saklamalar, bu tarz saklamalardır ve nesnenin bulunuşu da arayıcıların zekâsıyla değil, dikkatiyle, sabrıyla ve kararlılığıyla bağlantılıdır.

Önemli vakalarda, politikacılarca önemli görünenlerde, ödülü yüksek olanlarda, arayıcıların sözünü ettiğim özellikleri asla yitmemiştir. Artık 'Eğer mektup, Şefin arama dahilinde olsaydı mektubu bulurdu' diyerek ne demek istediğimi anlamışsındır; yani eğer mektubu gizleme ilkesi, Şefin arama ilkesiyle örtüşseydi, hiç şüphesiz mektup bulunurdu. Şefimiz tamamen şaşkına dönmüş durumda; yenilgisinin ikincil bir nedeni de, şairliğiyle nam yapmış olduğundan, Bakanın bir ahmak olduğunu düşünmesi. Şef, bütün şairlerin ahmak olduğu kanısında ve bu yüzden de *non distributio medii** işlemekle bütün şairlerin ahmak olduğunu sonucunu çıkartmasıyla hatalı duruma düşüyor."

"Kendisi gerçekten şair mi?" diye sordum. "Bildiğim kadarıyla onlar iki kardeşler ve ikisi de yazdığı kitaplarla ünlü. Yanılmıyorsam Bakan, *Ayrımcı Hesaplar* diye kapsamlı bir kitap yazmıştı. Yani adam şair değil, matematikçi."

"Yanılıyorsun. Onu iyi tanırım, Bakan her ikisidir de. Hem şair hem de matematikçi olduğundan iyi mantık yürütecektir. Yalnızca matematikçi olsaydı, pek akıl yürütemeyecek, Şefin insafına kalacaktı."

"Beni şaşırtıyorsun," dedim. "Bu fikrinle tüm dünyaca kabul edilmiş bir gerçeğe karşı çıkıyorsun. Yüzyıllardır kabul görmüş bir kanıyı yok sayıyorsun. Matematiksel mantığa, en harika mantık olarak bakılıyor uzun zamandır."

Dupin, Chamfort'dan alıntı yaparak, "*Il-y-a à parièr, que toute idée publique, toute convention reçue est une sottise,*

* Mantık biliminde temel önermesi yanlış olan tasım. (Ç.N.)

*car elle a convenue au plus grand nombre."** dedi. "Sözünü ettiğin kabul görmüş yanlışı yaygınlaştırmak için matematikçiler ellerinden geleni yaptılar, ama gerçek olarak tanıtılması, fikrin yanlışlığını azaltmaz. Örneğin, daha değerli bir amaca yönlendirilmesi gereken bir çabayla, cebir uygulamasına 'analiz' terimini sızdırdılar. Bu hilenin fikir babası Fransızlardı. Eğer kelimeler, benzerlik bağıyla kullanılacaksa, cebir ve analiz arasında, ancak 'religio' ile 'din' ve 'homines honesti' ile 'onurlu insanlar' arasındaki bağ kadar olabilir."

"Anlaşılan," dedim, "Parisli cebircilerle kavgaya dünden razısın; neyse, devam et."

"Kuramsal mantık alanının dışında gelişmiş bir mantığın uygulanabilirliğini, dolayısıyla da değerini tartışıyorum. Özellikle, matematik alanında kullanılan mantığı inceliyorum. Matematik, biçim ve nicelik bilimidir; matematiksel mantık da, biçim ve niceliğin gözleminden ibarettir. En büyük yanlışlık, saf cebir doğrularını kuramsal ya da genel doğrular olarak görmektir. Ve bu öylesine feci bir yanlış ki, böyle evrensel olarak kabul edilmiş olması beni kahrediyor. Matematiksel önermeler, genel gerçekliğin önermeleriyle örtüşmez. Biçim ve nicelik arasındaki matematiksel ilişki, örneğin ahlak söz konusu olduğunda tamamen geçersizdir. Ahlakta, toplanmış parçaların bütüne eşit olacağı önermesi genellikle doğru çıkmaz. Bu önerme kimyada da işlemez. İti gücünü düşündüğümüzde, belli bir değeri olan, iki ayrı iti gücünün toplamı, bir araya geldikleri zamanki sayıya eşit olmayabilir. Yal-

---

* "Halk yığınları tarafından kabul edilen her düşüncenin, verilen her kararın sersemce olduğu savlanabilir, çünkü bunlar çoğunluğun seçimidir." (Ç.N.)

nızca kendi düzlemindeki ilişkiler içinde geçerli olan bir sürü matematiksel doğru vardır. Ancak matematikçiler, kısıtlı doğrularını, alışılageldiği üzere, sanki her alanda geçerliliğini koruyan doğrularmışçasına sunarlar ve dünyanın da böyle olduğunu sanırlar. Bryant, kapsamlı eseri *Mitoloji*'de, 'Pagan öykülerine inanılmasa da, pek çok kez kendimizi kaybeder, sanki gerçeklermişçesine onlardan ders çıkartırız' diyerek, bir benzeşme hatasına dikkat çeker. Cebircilere gelirsek ki Pagandırlar, 'Pagan Masalları'na inanırlar ama masallardan sonuç çıkarma, herhangi bir şaşırma yüzünden değil, kafanın sapkın çalışması yüzündendir. Eşit kökler alanı dışında güvenilecek ve x^2+px'in mutlak olarak ve kesinlikle q'ya eşit olduğu inancını gizliden gizliye barındırmayan tek bir matematikçiye rastlamadım. İstersen, deneyim olsun diye, bu beyefendilerden birine x^2+px'in bazı şartlarda q'ya eşit olamayacağını söyle ama bunu söyledikten sonra hemen yanından uzaklaş, çünkü şüphesiz seni dövmeye kalkacaktır."

"Yani anlatmak istediğim," dedi Dupin, ben onun son sözlerine gülmekteyken. "Bakan, yalnızca matematikçi olsaydı, Şef bana bu çeki yazmak durumunda kalmayacaktı. Ancak ben kendisinin hem matematikçi hem de şair olduğunu biliyorum ve değerlendirmemi, onun yeteneklerini ve içinde bulunduğu şartları göz önünde bulundurarak yaptım. Ayrıca kendisinin saray erbabından biri ve fena bir komplocu olduğunu da biliyorum. Böyle birinin, polisin olağan prosedürünü bilmemesinin mümkün olamayacağının farkındaydım. Üstünün aranmasını hesaba katmaması mümkün değildi; zaten olayların gelişimi de böyle bir olasılığı hesaba kattığını gösteriyor. Dairelerinin gizlice aranışını da öngörmüştür diye düşünüyorum. Geceleri evde bulunmaması da, ki Şef bunun aramalarını oldukça kolaylaştırdığını söylüyordu, polisin odaları baştan sona aramasına olanak yaratması ve G----'nin henüz yeni vardığı, mektubun binada olmadığı gerçeğini bir an önce göstererek onları etkilemek için ayarlanmış bir numaraydı bence. Ayrıca, sana şimdi ayrıntılı olarak anlatmaya çalıştığım Bakanın düşünce zincirinden, mektubun kayboluşunun neden olacağı politik sıkıntının, mektubun aranmasında etkili olacağının da geçtiğini düşünüyorum. Bu da ister istemez onu, bilindik oyukların dışına yönlendirecekti. Oteldeki en karmaşık, en ücra noktanın, Şefin gözleri, ölçü aletleri, delgileri ve mikroskopları karşısında açıkta duran bir nesne gibi görüleceğini düşünemeyecek kadar zayıf biri olduğunu sanmıyordum. Bakanın basitliğe yöneleceğini, kendi seçimi olmasa bile o yöne yönelmek durumunda kalacağını açıkça görmüştüm. Ona, mektubun kendisini bu kadar uğraştırmasının nedeninin, belki de mektubun oldukça bariz bir yerde olmasından dolayı olabileceğini söylediğimde, Şefin nasıl da güldüğünü hatırlıyorsundur."

"Evet," dedim. "Nasıl eğlendiğini iyi hatırlıyorum. Gerçekten de gülme krizi geçiriyor sanmıştım."

"Madde dünyası," diye devam etti Dupin, "tinsel dünyalara pek çok benzerlik gösterir. Bu yüzden, hitabet sanatındaki dogmalar renkli bir hale getirilir ve mecaz, teşbih ya da gülümseme, tasviri süslemede kullanıldığı gibi, öne sürülen fikri sağlamlaştırmada da kullanılır. Örneğin *vis inertia** ilkesi, hem fizikte hem de metafizikte aynı şekilde işliyor gibidir. Fizikte, büyük bir kütleyi harekete geçirmek, küçük kütleyi harekete geçirmekten

---

* Fizik biliminde "atalet momenti" olarak bilinen kavram. (Ç.N.)

nasıl daha zorsa, ve sonraki hız, önceki zorlukla eşit orantılıysa, metafizikte de yüksek zekâlar, daha kısıtlı çalışan zekâlara oranla hareketlerinde daha etkin, daha istikrarlı ve daha canlıdır ama harekete geçmeleri daha uzun zaman alır ve ilk adımı atmada daha çekingen, daha kararsızdırlar. Hangi cadde isimlerinin, hangi dükkân kapılarının daha dikkat çekici olduğunu fark ettin mi?"

"Daha önce hiç düşünmemiştim," dedim.

"Harita üzerinde oynanan bir oyun vardır," diye devam etti. "Oyunculardan biri diğerinden, rengârenk ve karışık haritada bir kelime —bir şehir, ırmak, devlet, imparatorluk adı— bulmasını ister. Oyunda acemi olan biri, haritadaki en küçük harfli adları seçerek rakibini yenmeye çalışır, ama usta bir oyuncu, büyük harflerle yazılmış, haritanın bir ucundan diğerine uzanan adları seçer. Bunlar, tıpkı büyük harflerle yazılmış, sokaktaki tabela ve afişlerdeki yazılar gibi, büyük yazılmış olmalarından ötürü gözden kaçarlar; bu fiziksel gözden kaçırma, aklın, bazen oldukça açık ve bariz ahlaki kuralları es geçmesine çok benzerdir. Anlaşılan, bu husus Şefin anlayışının ya biraz üzerinde ya da biraz altında. Şef, Bakanın mektubu herkesin açıkça görebileceği bir yere koyarak kimsenin onu fark etmemesini sağlamış olabileceğini hiç düşünmedi bile.

Ama D----'nin risk alan, cesur, ayırt edebilen zihnini, mektubu amaçları için kullanması icap edebileceğinden, belgenin sürekli elinin altında bulunması gerektiğini ve Şeften öğrendiğimiz, mektubun olağan arama yöntemleriyle bulunamadığı olgusunu düşündükçe, Bakanın öngörülü ve zeki bir seçimle mektubu saklamamayı seçtiği fikri bana iyice cazip göründü.

Kafamdaki bu fikirlerle, yeşil gözlüklerimi takıp sanki tesadüfen uğruyormuşçasına Bakanın oteline gittim. D----'yi odasında, her zamanki gibi uzanmış esneyip pineklerken, can sıkıntısının zirvesinde bir haldeyken buldum. Kendisi belki dünyanın en hareketli insanıdır ama gözlerden uzaktayken.

İçinde bulunduğu duruma ortak olmak amacıyla gözlerimin zayıflığından şikâyet ettim, gözlük takma zorunluluğumdan yakındım; bu sırada, tüm ilgimi ev sahibinin sohbetine ayırmış gibi gözüksem de, gözlüklerimin ardından, bütün daireyi baştan başa tarıyordum.

Özellikle oturduğu yerin yakınındaki, üzerinde birbirine geçmiş çeşitli mektupların, iki müzik aletinin ve birkaç başka kâğıdın durduğu büyük bir yazı masası dikkatimi çekmişti. Ancak uzun ve kapsamlı bir gözlem sonunda şüpheli herhangi şey bulunmadığını anladım.

Odada halkalar çizen gözlerim sonunda, gevşek ve kirli bir kurdeleyle şömine rafının orta kısmının hemen aşağısındaki bir çıkıntıya asılmış, üzeri desenli, kartondan yapma ucuz bir mektupluğa ilişti. Birkaç gözü olan bu mektuplukta beş altı kartvizit ve bir de mektup vardı. Mektup oldukça kirli ve buruşuktu. Ortadan ikiye yırtılmış gibiydi. Sanki ilk başta değersiz görülüp yırtılmak istenmişti de sonradan fikir değiştirilip öylece bırakılmıştı. D----'nin armasının olduğu siyah mühür epey belirgindi ve çıtı pıtı bir bayanın el yazısıyla D----'ye, bizzat Bakana gönderilmişti. Dikkatsizce itilmiş, hakir görülerek mektupluğun üst kısımlarından birine atılmış gibi duruyordu.

Mektubu görür görmez, aradığımız mektup olduğunu anladım. O mektup olduğuna emin olmakla birlikte, Şefin bize ayrıntıyla anlattığı tariften oldukça farklıydı. Buradaki mühür büyüktü, siyahtı ve D---- adınaydı; halbuki bize küçük, kırmızı ve S---- ailesinin düklük armasını gösterdiği anlatılmıştı. Mektupta, adres bizzat Bakanaydı ve gönderen kısmındaki yazı ufakça ve kadınsıydı; ama bize, adresin saray erbabından birine hitap ettiği, kalın ve kararlı harfler kullanıldığı söylenmişti; bize anlatılan tarifle mektuptaki yazı arasında, yalnız harflerin boyutu konusunda bir örtüşme vardı. Ayrıca çok sayıda ve belirgin biçimdeki başka farklar da vardı: Zarfın kirli, buruşuk ve yırtık olması... Bunlar D----'nin alışkanlıklarına taban tabana zıttı ve belli ki, belgenin önemsiz bir kâğıt olduğu izlenimini verilmek istenmişti. Tüm bunlar, mektubun her gelenin görebileceği aşırı belirgin konumu ile birleşince, önceden vardığım sonuçlarla tam bir uyum içinde oluyordu. Yani şüphe arayan biri için, oldukça şüphe uyandırıcı bir durum vardı.

Ziyaretimi mümkün olduğunca uzun tuttum; bir taraftan, Bakanın ilgisini çekmek ve onu heyecanlandırmak noktasında asla başarısızlığa uğramadığını bildiğim bir konu hakkında onunla hararetli bir tartışma yürütüyor, bir taraftan da dikkatimi mektup üzerinde yoğunlaştırıyordum. İncelemem sırasında mektubun dış görünüşünü ve raftaki yerini hafızama iyice kazıdım ve bu da, aklımdaki bazı önemsiz şüpheleri de gideren bir keşifte bulunmama neden oldu: Kâğıt uçları olağandan fazla yıpranmıştı. Katlanıp bastırılmış sert bir kâğıt, aksi tarafa tekrar katlanmış gibiydi; bu da benim için yeterliydi. Zarf belli ki bir eldiven gibi ters yüz edilmiş, başka bir adres yazılmış, başka bir mühür vurulmuştu. Bakana iyi günler diledim ve altın tabakamı masada bırakıp oradan ayrıldım.

Sonraki sabah, tabakamı almak için tekrar gittim ve önceki günkü sohbetimize hararetli bir şekilde devam ettik. Ancak biz sohbete dalmışken, önce tabanca ateşlenmesine benzeyen yüksek bir ses, ardından korku dolu çığlıklar ve bir grup insanın bağrışmaları duyuldu. D---- pencereye koştu, açıp dışarı baktı. O sırada mektupluğa gittim ve mektubu alıp cebime attım. Onun yerine, evde hazırladığım ve en azından dış görünüşü itibarıyla hedefteki mektuba çok benzeyen bir taklit koydum; D----'nin arması yerine patates kullanarak yaptığım bir mührü kullanmıştım.

Sokaktaki kargaşayı, kadın ve çocukların olduğu bir kalabalığa ateş eden eli tüfekli biri çıkarmıştı. Ancak sonradan tüfeğin dolu olmadığı anlaşıldı ve adam da, biraz tartaklandıktan sonra, deli ya da sarhoş olduğu düşünülerek bırakıldı. Adam gittikten sonra D---- pencereden ayrıldı; zaten ben de istediğim nesneyi elde ettikten hemen sonra yanına gitmiştim. Çok geçmeden kendisine veda ettim. Deli rolündeki kişiyse benim tuttuğum biriydi."

"Peki," dedim. "Mektubu benzeriyle değiştirmene ne gerek vardı? İlk ziyaretinde mektubu alıp kaçsan daha iyi olmaz mıydı?"

"D----, ne yapacağı belli olmayan, öfkeli biridir," diye yanıtladı Dupin. "Ayrıca otelinde kendisini koruyan fedaileri yok değildir. Önerdiğin çılgın şeyi yapsaydım, Bakanın yanından sağ çıkmayabilirdim. Paris'in güzel insanları da bir daha benden haber alamazlardı. Ayrıca bu tür çekincelerin dışında başka bir amacım daha vardı: Politik eğilimlerimi biliyorsun. Bu meselede, Hanımefendinin bir destekçisi olarak da yer aldım. Bakan, on sekiz ay boyunca Hanımefendiyi parmağında oynattı. Şimdiyse Hanımefendi Bakanı parmağında oynatacak. Bakan, mektubun kendisinden alındığını bilmediğinden önceki şantajına aynen devam edecek ve böylece elinde olmadan siyasi yıkımına zemin hazırlamış olacak. Çöküşü, yükselişinden az çetrefilli olmayacak. *Facilis descensus Averni** tarzı sözler hep söylenegelmiştir ama Catalani'nin şarkı hakkında söylediğine benzer olarak, aslında tırmanış sırasında çıkış, aşağı inmekten daha kolaydır. Bu olayda inişe geçen kişiye herhangi bir empati ya da en azından acıma hissetmiyorum; zira kendisi, *Monstrum horrendum*** olarak adlandırılan, ilkesiz dehalardan biri. Ama şunu da itiraf edeyim ki, mektupluğa bıraktığım kâğıdı okumak zorunda kalıp da, Şefin 'ilginç bir karakter' diye tanımladığı kadının kendisini alt etmiş olduğunu gördüğünde Bakanın aklından geçenleri bilmek isterdim."

"Yani kâğıda özel bir not mu yazdın?"

"Neden yazmayayım ki? Zarfın içini boş bırakmak bana pek doğru gelmedi; böyle bir davranış, hakaret anlamına gelirdi. Bir seferinde Viyana'dayken, D---- bana fesat bir oyun oynamış, ben de ona, bu yaptığını hatırlayacağımı söylemiştim. Kendisini alt eden kişinin kimliğini merak edeceğini biliyordum ve bu konuda ona bir ipucu vermemenin yanlış olacağını düşündüm. Kendisi el yazımı iyi tanır; boş bir kâğıdın ortasına şu dizeleri yazdım:

----Un dessein si funeste,
*S'il n'est digne d'Atrée, est digne de Thyeste.****

Bu dizeler, Crebillon'un *Atreus*'unda bulunabilir."

---

* Özgün metinde Latince: Korkunç canavar. (Ç.N.)
** Özgün metinde Latince: "Cehenneme inmek kolaydır." (Ç.N.)
*** Özgün metinde Fransızca: "Bu kadar ölümcül bir plan Atreus'a değilse, ancak Thyestes'e yaraşır." (Ç.N.)

Sensin O Kişi

Rattleborough bulmacasına Oedipus'u oynayarak yaklaşacağım. Rattleboroughlular arasındaki inançsızlığa kesin bir son veren ve tüm dünyevi zihinleri kocakarı muhafazakârlığına büründüren o eşsiz, gerçek, kabul edilmiş, tartışılmayan, tartışmasız mucizeyi yaratan gizli mekanizmayı açıklayacağım size; zaten onu açıklayabilecek tek kişi de benim.

Haksız yere laubali bir tonla anlatmamdan dolayı özür dilemem gereken olay, 18-- yılının yaz aylarında meydana geldi. Kasabanın en zengin ve saygın kişilerinden olan Bay Barnabas Shuttleworthy, bir sorun yaşandığını düşündürecek şekilde birkaç gündür kayıptı. Bir Cumartesi sabahı epey erken bir saatte Bay Shuttleworthy, yaklaşık yirmi dört kilometre ötedeki ... şehrine gidip gelmek üzere yola çıktığını açıkça belirttikten sonra at sırtında Rattleborough'dan ayrılmış, ancak ayrılışından iki saat sonra atı, onsuz ve yolculuğa başlamadan önce sırtına bağlanmış heybeleri olmadan geri dönmüştü. Ayrıca hayvan çamur içinde ve yaralıydı da. Bu durum, doğal olarak kayıp adamın arkadaşları arasında epey endişe yaratmıştı ve adam Pazar günü de ortaya çıkmayınca cesedi aramak için tüm kasaba seferber oldu.

Böyle bir araştırmanın en öncü ve etkin organizatörlerinden biri de, Bay Shuttleworthy'in can dostlarından Bay Charles Goodfellow, ya da herkesin ona seslendiği biçimiyle "Charley Goodfellow" veya "İhtiyar Charley Goodfellow"du. Şimdi, ister muhteşem bir tesadüf, isterse adın kişilik üzerindeki açıklanamaz etkisi olsun — şu ana kadar hangisinin ana neden olduğunu çözebilmiş değilim — şurası kesin ki, adı Charles olup da açık, samimi, dürüst, iyi huylu, iyi kalpli olmayan, hoşunuza gidecek, zengin, net bir sesle konuşan ve adeta "Vicdanım rahat, kimseden korkum yok ve adi bir şey yapmaktan çok uzağım," diyen bakışlarıyla dosdoğru yüzünüze bakan gözleri olmayan biri bulabilmiş değilim. Dolayısıyla sahnedeki her cana yakın, hesapsız, "örnek beyefendi" karakterin adının Charles olması kesin gibidir.

"İhtiyar Charley Goodfellow," Rattleborough'ya geleli altı aydan fazla olmamasına ve kimsenin onun hakkında kasabaya yerleşmesinden öncesine ilişkin bir şey bilmemesine rağmen, kasabanın tüm saygın insanlarıyla ilişkiye geçmede hiç zorlanmadı. Hiçbiri onun sözünün senet olduğundan şüphe etmezdi; kadınlara gelirsek, ona nazik davranmak için yapmayacakları şey yoktu. Tüm bunlar Charles adıyla vaftiz edilmiş olmasından ve buna bağlı olarak, "en iyi tavsiye mektubu" olarak kabul gören o meşhur yüze sahip olmasından kaynaklanıyordu.

Önceden de belirttiğim gibi Bay Shuttleworthy, Rattleborough'nun en saygın, şüphesiz en zengin kişilerinden biriydi ve "İhtiyar Charles Goodfellow" da ona sanki öz kardeşi gibi yakındı. İki dost kapı komşusuydular ve her ne kadar Bay Shuttleworthy "İhtiyar Charley"i nadiren

—böyle bir şey olmuşsa— ziyarete gitse ve onun evinde yemeğe kaldığı hiç görülmemişse de, bu onların epey yakın bir dostluk kurmalarını engellemedi; zira "İhtiyar Charley" üç dört kez uğrayıp komşusunun nasıl olduğuna bakmadan gün geçirmezdi; sıklıkla kahvaltı ve çaya, hemen her sefer de akşam yemeğine kalırdı; böyle bir gecede iki kafadarın ne kadar şarap tükettiğini tahmin etmek gerçekten zordur. "İhtiyar Charley"in en sevdiği içki Chateau Margaux'ydu ve anlaşılan o ki, dostunun arka arkaya litrelerce götürmesi Bay Shuttleworthy'i memnun ediyordu. Şarabın çokça içildiği ve bunun bir sonucu olarak mantığın biraz azaldığı bir ara, can dostunun sırtına vurup, "Bir şey söyleyeyim mi İhtiyar Charles, şüphe yok ki doğduğumdan beri karşıma çıkmış en şen adamsın sen. Madem şarabı da böyle doya doya içiyorsun, sana koca bir kasa Chateau Margaux hediye etmezsem Tanrı beni kahretsin," demişti. Gerçi "Tanrı beni kahretsin," "Hay Allah!" veya "Amma iş be"nin ötesine geçmese de Bay Shuttleworthy'in kem söz konuşma alışkanlığı vardı. "Tanrı beni kahretsin," diyordu. "Eğer bu öğleden sonra, mümkün olan en iyi çeşitten iki kasa sipariş vermezsem! Onu da sana hediye edeceğim; evet aynen öyle! Aksi söz söyleme şimdi; sipariş vereceğim diyorum ve konu kapanmıştır. Bu güzel günlerden birinde sana gelmesini bekle; tam da ummadığın bir zamanda eline geçecek!" Bay Shuttleworthy'nin bu ufak cömertliğini, iki dost arasındaki anlayışın ne kadar ileri düzeyde olduğunu göstermek amacıyla anlattım.

Neyse, söz konusu Pazar günü Bay Shuttleworthy'nin başına bir şey geldiği açıkça belli olunca, "İhtiyar Charley" kadar derinden etkilenmiş başka biri görmedim. Atın sahipsiz, heybesiz, zavallı hayvanı öldürmeksizin göğsünden girip çıkmış bir kurşun yüzünden her tarafı kan içinde geldiğini duyunca, tüm bunları işitince sanki kaybolan kişi öz kardeşi veya babasıymış gibi bembeyaz kesildi ve sıtmaya tutulmuşçasına her tarafı titreyip ürperdi.

İlk başta kapıldığı üzüntü kendisini o derece sarmıştı ki, bir şey yapacak ya da herhangi bir eylem planlayacak hali yoktu ve uzun bir süre, yeni bir gelişme olup olmayacağını, Bay Shuttleworthy'nin kendiliğinden gelip atını neden kendisinden önce gönderdiğini açıklayıp açıklamayacağını görmek istediğinden, en iyisinin bir ya da iki hafta veya bir ya da iki ay kadar beklemek olduğunu düşündü, Bay Shuttleworthy'nin diğer arkadaşlarının mesele hakkında yaygara çıkarmalarını engellemeye çalıştı. Ağır üzüntü yaşayan kişilerdeki zamana bırakma, erteleme eğilimini eminim siz de sıkça gözlemlemişsinizdir. Zihinsel güçleri adeta uyuşmuştur, bu yüzden eylem veya benzeri bir şeyden korkarlar, yatakta sessizce uzanırlar ve ihtiyar kadınların dediği gibi "acılarını beslemek", yani yaşanan acı olayı tekrar tekrar düşünmek kadar hiçbir şeyden hoşlanmazlar.

Rattleborough halkı, "İhtiyar Charley"nin fikrine ve sağduyusuna o kadar saygı duyuyordu ki, büyük çoğunluğu onunla hemfikir olmaya ve dürüst beyefendinin dediği gibi, "bir şeyler oluncaya dek" konu hakkında yaygara çıkarmamaya meyletti; eğer işin içine Bay Shuttleworthy'nin haz düşkünü ve genel anlamda kötü karakterli genç yeğeninin kuşku uyandırıcı müdahalesi karışmasaydı, bu eğilim genel kanı halini de alacaktı. Pennifeather adlı bu yeğen "sakince uzanmak" gibi sözleri kesinlikle dinlemiyor, "öldürülmüş adamın cesedini aramaya" hemen başlamakta ısrar ediyordu. Kullandığı ifade buydu;

Bay Goodfellow o anda bunun, "yoruma yer bırakmayacak şekilde özgün" olduğuna zekice dikkat çekmişti. "İhtiyar Charley"nin bu tespiti de ahali arasında büyük bir etkiye neden oldu ve dikkat çekici bir şekilde birinin, "bu genç Bay Pennifeather'in, zengin amcasının kayboluşuyla ilgili tüm şartlardan nasıl bu kadar ilk elden bilgili olup bu derece emin ve kesin bir şekilde amcasının 'öldürülmüş' olduğunu ileri sürmeye kendini yetkili saydığını" sorduğu duyuldu. Bunun üzerine kalabalık arasında, —özellikle de "İhtiyar Charley" ile Bay Pennifeather arasında— çeşitli atışma, didişmeler meydana geldi. O ikisi arasındaki tartışma zaten yeni bir şey değildi, zira son üç dört ayda ikisi arasında iyi niyet görülmemişti; hatta bu uyuşmazlık bir ara öyle ileri bir noktaya varmıştı ki, Bay Pennifeather, kalmakta olduğu amca evinde "İhtiyar Charley"i fazla rahat davranmakla suçlayarak amca dostuna yumruk atıp onu yere devirmişti. Bu olaya "İhtiyar Charley"in örnek bir ılımlılık ve Hıristiyan hoşgörüsüyle yaklaştığı söylendi: Ayağa kalkmış, kıyafetini düzeltmiş ve karşılık vermeye hiçbir şekilde niyetlenmemiş; yalnızca "eline geçen ilk fırsatta öcünü hakkıyla alacağı"na dair birkaç söz mırıldanmakla yetinmiş. Zaten bu da hiçbir anlama gelmeyen, gayet doğal ve haklı öfke taşkınlığıydı ve çok geçmeden unutulup gitmişti.

Bu ilişkiler nasıl gelişmiş olursun (zaten bunların asıl konumuzla da bir ilgisi yok) şurası kesin ki Rattleborough halkı, özellikle Bay Pennifeather'in ikna edilmesiyle, sonunda çevre araziye yayılarak kayıp Bay Shuttleworthy'i aramaya karar verdi. Bence daha ilk olayda bu kararı vermişlerdi. Arama yapılacağı kesinlik kazanınca, bölge ve çevresini daha etkin bir şekilde araştırmak için kalabalığın yayılması, yani gruplara ayrılmasına karar verildi. Şu an, hangi özgün düşünce zincirine dayanarak yaptı hatırlamıyorum ama sonunda "İhtiyar Charley" bunun yapılabilecek en mantıksız şey olacağı konusunda ahaliyi ikna etti. İkna etti derken, Bay Pennifeather dışında herkesi ikna etti ve sonunda özen ve dikkatle, kasaba halkından oluşan, bizzat "İhtiyar Charley"nin önderlik ettiği bir arama ekibi oluşturuldu.

Bu konu hakkında şu söylenebilir: "İhtiyar Charley" den daha iyi bir öncü bulunamazdı, zira onun vaşak gözlerine sahip olduğunu herkes bilir. Ancak her ne kadar, bölgede bulunduğundan bile haberdar olunmayan yolları kullanarak onları her türlü tuhaf delik ve köşeye soktuysa da, arama gece-gündüz ara vermeksizin neredeyse bir hafta kadar sürdüyse de, yine de Bay Shuttleworthy'den hiçbir iz bulunamadı. "Hiçbir iz" diyorsam, harfi harfine böyle olduğu anlaşılmasın; aslında iz sayılabilecek şeyler kesinlikle bulundu: Zavallı beyefendinin atının nal izleri (gerçekten özgündüler) şehre giden anayolda, kasabanın beş kilometre kadar doğusuna dek takip edildi. Bu noktada izler, tekrar anayola bağlanarak normal yoldan bir kilometre kadar kestirme gidilmesini sağlayan ağaçlık bir kestirmeye sapıyordu. Kestirmedeki izleri takip eden grup, sonunda yolun sağında, böğürtlen dikenleriyle neredeyse görünmez olmuş, ötesinde izlerden eser bulunmayan, durgun sulu bir gölete vardılar. İzlerde sanki bir çeşit kavga yaşanmış gibi görünüyordu: İnsandan çok daha büyük ve ağır bir nesne patikadan gölete taşınmıştı. Göl, iki kez dikkatlice arandı ve grup tam ayrılmak üzereydi ki, Tanrı Bay Goodfellow'un aklına göl suyunu tamamen boşaltma fikrini getirdi. Bu proje sevinçle karşılandı, "İhtiyar Charley"nin zekâ ve sağgörüsü epey övüldü. Kasabalıların çoğu, cesedi topraktan çıkarmak gerekebilir düşüncesiyle yanlarında kürek getirdiklerinden boşaltma işlemi kolayca ve hızla ilerledi. Zemin görünür hale henüz gelmişti ki, kalan çamurun tam ortasında, orada bulunan hemen herkesin Bay Pennifeather'a ait olduğunu söylediği siyah bir kadife yelek ortaya çıkartıldı. Yelek yırtık pırtıktı ve üzerinde kan lekeleri vardı. Grup içindeki birkaç kişi bu yeleğin sahibi tarafından, Bay Shuttleworthy'nin şehre gittiği sabah giyildiğini kesin olarak hatırlıyorlar, diğer başka birkaç kişiyse, istenirse, o unutulmaz günün geri kalanında Bay P.'nin o yeleği giymediğine dair yemin edeceklerini söylüyorlardı; ayrıca Bay Shuttleworthy'nin kayboluşundan sonraki günlerde Bay P.'nin üzerinde o yeleği gördüğünü söyleyen kimse bulunamıyordu.

Durum Bay Pennifeather için oldukça ciddi bir hal almıştı ve benzinin atması da aleyhine oluşmuş şüphelerin tam bir onayı olarak algılandı. Bunlar hakkında ne söyleyeceği kendisine sorulduğundaysa tek bir söz söyleyemedi. Bunun üzerine, hovarda hayat tarzından kalma birkaç arkadaşı da onu terk edip yalnız bıraktı. Hatta bu eski dostları, hemen tutuklanması için bilinen eski düşmanlarına oranla çok daha fazla yaygara kopardılar. Öte yandan, bu kişilerle karşılaştırınca, Bay Goodfellow'un sağduyusu eskisinden de parlak bir hal aldı: Bay Pennifeather'ı savunan, oldukça sıcak ve dokunaklı bir konuşma yaptı. Konuşma sırasında birden çok kez, gürbüz delikanlının —ona "Değerli Bay Shuttleworthy'nin mirasçısı" diyerek hitap ediyordu— kendisine (Bay Goodfellow) öfkeli bir anda etmeyi uygun gördüğü hakaretleri (Bay Pennifeather'ın) affettiğini de dile getirdi. Onu tüm kalbiyle affettiği söylüyordu; ayrıca, bu epey kafa karıştırıcı olayın en kötü unsuru olarak Bay Pennifeather aleyhine gelişmiş, dile getirmekten üzüntü duyduğu şüphe uyandıran verileri daha aşırıya çekmek yerine, ortamı yumuşatmak adına, vicdani bir görev olarak elinden gelen her hizmeti vereceğine, gücünün yettiği her konuşmayı yapacağına söz verdi.

Bay Goodfellow, zihni ve yüreğinin doluluğu sayesinde bu şekilde konuşmaya devam etti. Ama iyi yürekli insanlar gözlemlerinde nadiren haklı çıkarlar: Dikbaşlılıkları ve dünyanın en içten niyetleriyle dostlarına yardım coşkusu içinde olmaları yüzünden türlü sendelemeler, aksilikler, uygunsuzluklara takılırlar ve amaçlarına ulaşmak yerine daha da uzaklaşırlar.

Bizim örnekte de, her ne kadar şüphelinin lehine dürüst bir çaba içinde olsa bile, "İhtiyar Charley"in tüm hitabeti, öyle ya da böyle, ağzından çıkan her hecesi, kasıtsız ama doğrudan bir biçimde, konuşmacının dinleyicilerin gözünde yücelmesine değil, savunmasını yaptığı kişiye duyulan, zaten önceden de var olan şüphenin artması ve söz konusu kişiye karşı "çete öfkesi" uyanmasına neden oluyordu.

Konuşmacının işlediği en tuhaf hatalardan biri, şüphelinin "Değerli İhtiyar Beyefendi Bay Shuttleworthy'nin mirasçısı" olduğunu dile getirmesiydi. Ahali bunu daha önce düşünmemişti. Yalnız, yeğeni dışında yaşayan başka akrabası olmayan amca tarafından bir iki yıl önce ifade edilmiş mirastan mahrum etme tehditleri akıllara gelmişti; dürüst yapılı insanlar olduklarından Rattleboroughlular bu meseleyi, o dönemde kapanmış bir konu olarak görüyorlardı. Ama "İhtiyar Charley"nin sözleri, dikkatlerini tekrar bu konuya çevirmelerine neden oldu ve bu da onların, o tehditlerin, tehditten öteye geçmemiş olabileceği ihtimalini görmelerini sağladı. Elbette hemen ardından, malum *cui bono* sorusu konuşulmaya başlandı: Dehşet verici suçu, yelekten bile daha etkin olarak genç adama bağlayan soru. Bu noktada, yanlış anlaşılmamak için, kullandığım ve hep yanlış çevrilip yanlış algılanan, bu oldukça kısa ve basit Latin cümle üzerine durmak için kısa bir süreliğine konudan sapmama izin verin. Bulwer'inkilerden Dickens'inkilere, Turnapenny'ninkilerden Ainsworth'unkilere, gerek kullanıldığı tüm mizah romanlarında ve gerekse diğer eserlerde (örneğin Bayan Gore'inkilerde [*Cecil*'in yazarıdır] ki kendisi Keldaniceden Çikşavcaya kadar pek çok dilden alıntı yapmıştır ve Bay Beckfor tarafından "gerekli görüldüğü üzere" sistematik bir planla, öğrenimine epey katkıda bulunulmuştur) bu iki Latince kelime, yani *cui bono* "hangi amaçla" (sanki quo bono deniliyormuşçasına) ya da "hangi yarara" şeklinde yorumlanmıştır. Ancak kelimelerin gerçek anlamı 'kimin yararına"dır. *Cui* "kimin", *bono* ise "yararına" anlamındadır. Tamamen resmi bir tabirdir ve bizim değerlendirmekte olduğumuz örnektekine benzer olarak, eylemin ya da eylemin başarıyla sonuçlanmasının, eylemi yapan kişiye yararı dokunması olasılığının yüksek olması halinde değerlendirilir. Şimdi, *cui bono* sorusu açık bir şekilde Bay Pennifeather'ı işaret ediyordu. Amcası, lehine bir vasiyet düzenledikten sonra onu mirasından mahrum bırakmakla tehdit etmişti. Ancak tehdit yerine getirilmemiş, ilk vasiyet değiştirilmemişti. Değiştirilmiş olsaydı, cinayet için düşünülebilecek tek gerekçe vasat bir intikam olacaktı; ancak bu da onun, amcasının iyi niyetini tekrar kazanma umuduyla çelişkiye düşüyordu. Ancak vasiyet değiştirilmediğinden, tehdit halen yeğenin başı üzerinde asılı durmaktaydı ve bu da, yaşanan vahşet için güçlü bir gerekçe halini alıyordu; Rattleborough kasabasının sağduyu sahibi değerli insanları da bu sonuca vardılar.

Bunun üzerine, Bay Pennifeather hemen oracıkta tutuklandı ve kalabalık, biraz daha arama yaptıktan sonra, adamı gözetim altında tutarak evlerine yöneldi. Ancak yolda, var olan şüpheyi daha da arttırıcı bir olay meydana geldi: Azmiyle her zaman grubun biraz ilerisinde yürüyen Bay Goodfellow'un aniden birkaç adım öne atıldığı, eğildiği ve otlar arasından bir nesne aldığı görüldü. Ayrıca, nesneye çabucak bir göz atıp onu saklamak için ceket cebine atmaya niyetlendiği de gözlemlendi ve gözlemlendiği için engellendi. Nesne ele alınınca bunun bir İspanyol bıçağı olduğu anlaşıldı ve bir düzine kişi, anında, bıçağın Bay Pennifeather'a ait olduğunu söyledi; kaldı ki sap kısmına adamın baş harfleri kazınmıştı. Bıçağın ağız kısmıysa açık ve kanlıydı.

Artık yeğenin suçluluğu konusunda hiç şüphe kalmamıştı ve Rattleborough'a varılır varılmaz sorgulanmak üzere hâkimin önüne çıkartıldı.

Sonra mesele daha da aleyhte bir hal aldı. Tutukluya Bay Shuttleworthy'nin kaybolduğu sabah nerede olduğu sorulduğunda, Bay Goodfellow'un zekâsı sayesinde kanlı yeleğinin ortaya çıkartıldığı göletin yakın civarında tüfeğiyle geyik avlamaya gittiğini söyleme cesaretini gösterdi.

Bu noktada Bay Goodfellow yaşlı gözleriyle öne çıkıp sorgulanma talep etti. Yaradanına da duyduğu ve hemşerilerine karşı duyduğundan az olmayan görev ahlakının, artık sessiz kalmasına izin vermediğini söyledi. Şimdiye kadar, Bay Pennifeather'ı ciddi anlamda şüpheli konumuna düşüren olaylara —genç adama içten bir muhabbet duyduğundan— akla gelebilecek türlü hipotez ile açıklama getirmeye çalışmıştı; ancak durum öyle ikna edici, öyle kahredici bir hal almıştı ki, (Bay Goodfellow'un) yüreği bunu yaparken pare pare olsa da artık tereddüt etmeyecek, bildiği her şeyi anlatacaktı. Ardından, Bay Shuttleworthy'nin ayrıldığı günden önceki günün öğleden sonrası Değerli Beyefendi'nin yeğenine, ertesi gün oldukça yüklü bir miktar yatırmak için Çiftçiler ve Teknisyenler Bankası'na gideceğini söylediğini ve yine söz konusu Bay Shuttleworthy'nin söz konusu yeğene beş kuruş bırakmama konusundaki geri çevrilmeyecek kararını açıkça ilan ettiğini duymuştu (Bay Goodfellow). Sonra o (tanık) en ufak ayrıntısına kadar (tanığın) anlattıklarının doğru olup olmadığını söylemesini tutukludan resmen talep etti. Oradaki herkesi oldukça şaşırtarak, Bay Pennifeather söylenenlerin doğruluğunu dürüstçe itiraf etti.

Sonrasında hâkim, iki polis memuru göndererek sanığın amcasının evindeki odasını aratması gerektiğine karar verdi. Neredeyse anında, İhtiyar Beyefendi'nin yıllardır kullandığı, çelik kaplamasıyla meşhur kızıl kahverengi deri cüzdanıyla araştırma görevinden döndüler. Ancak kıymetli içeriği cüzdandan alınmıştı ve hâkim içeriği ne yaptığını ya da sakladığı yeri tutukludan öğrenmek için boş yere uğraştı. Tutuklu inatla konu hakkında bilgisi olmadığını söylüyordu. Memurlar ayrıca, talihsiz adamın yatağıyla çarşafı arasında, ikisine de adının baş harflerinin işlenmiş ve ikisinin de kurbanın kanıyla fena halde lekelenmiş olduğu bir gömlekle bir boyunbağı buldular.

Tam bu anda, öldürülen adamın atının, aldığı yaralar sonucu ahırda öldüğü haberi geldi; Bay Goodfellow, kurşunun bulunabileceğini öne sürerek hemen hayvana otopsi yapılmasını önerdi. İstediği gibi de yapıldı ve Bay

Goodfellow, sanki zanlının suçluluğuna şüphe kalmadığını göstermek istercesine, göğüs boşluğunda epey bir aramadan sonra, kasaba ve civarında kimsenin tüfeğine girmeyecek denli büyük boyutta ama yapılan deneme sonucu Bay Pennifeather'ın tüfeğinin namlusuna tam oturan kurşunu bulup çıkarttı. Meseleyi daha da kesin hale getirecek şekilde, normal dikişe dik biçimde bir çatlak ya da dikiş izi vardı ve inceleme sonunda bu izin, tanığın kendisine ait olduğunu ifade ettiği bir çift kalıpta tesadüfen oluşmuş bir çıkıntı ya da yükseltiye tamı tamına uyuyordu. Kurşundaki bu bulgular üzerine sorgu hâkimi daha fazla ifade dinlemeyi reddetti ve anında tutukluyu kefalet kabul etmeksizin mahkemeye sevk etti; Bay Goodfellow bu sert karara içtenlikle itiraz etti ve miktar ne olursa olsun ödeyeceğine garanti verdi. Bay Goodfellow'un gösterdiği cömertlik, Rattleborough kasabasındaki tüm ikameti boyunca sergilediği sevimli ve yürekli davranışlarıyla uyum içindeydi; ancak bu sefer, bu değerli kişi, kendini iyi niyetinin içten coşkusuna öyle kaptırmıştı ki genç arkadaşı için kefalet ödeyeceğini söylerken, kendisinin (Bay Goodfellow'un) dünya üzerinde bir dolar edecek bir mülkü bile olmadığını unutmuştu.

Bu sevkin sonuçları kolayca kestirilebilir. Bay Pennifeather bir sonraki mahkeme celsesinde, tüm Rattleborough'nun yüksek sesle sövüp saymaları arasında mahkemeye çıkartıldı; (Bay Goodfellow'un hassas insafının mahkemeden saklamasına izin vermediği, durumu daha da vahimleştiren yeni bazı olguların da etkisiyle) ikincil kanıtlar o derece süreklilik arz ediyordu ve o derece inandırıcıydı ki, jüri yerinden bile kalkmadan, hemen "birinci derecede cinayetten suçlu" hükmü verdi. Çok geçmeden sefil bedbaht, adaletin karşı konulmaz intikamını beklemek üzere bölge hapishanesine gönderildi.

Bu sırada, asil davranışları sonucunda, kasabanın dürüst insanlarının gözünde "Emektar İhtiyar Charley"nin değeri ikiye katlanmıştı. Öncekinden on kat daha popüler olmuştu; kendisine gösterilen bu ilgi üzerine o da rahatlamış, şimdiye dek yaşadığı yoksulluğun neden olduğu pintilik alışkanlığından ister istemez kurtulmuş ve sık sık, kendi evinde nükte ve neşenin doruk yaptığı arkadaş toplantıları düzenler olmuştu; elbette cömert ev sahibinin yasını tuttuğu can dostunun yeğeninin uğursuz ve üzücü vaziyeti de arada bir hatırlanıyordu.

Güzel bir günde, asil ruhlu ihtiyar beyefendi aşağıdaki mektubu alınca epey şaşırdı:

H. F. B. & Co.'dan
Sn. Charles Goodfellow'a
Rattleborough

Chat. Mar. A- No:1-
6 düzine şişe (½ brüt)

Sayın Charles Goodfellow,
Kıymetli müşterimiz Bay Barnabus Shuttleworthy'nin iki ay önce firmamıza verdiği sipariş üzerine, bu sabah adresinize iki kasa antilop marka, mor mühürlü Chateau-Margaux teslim etmekten onur duyarız. Kasalar numaralanmış ve kenarlardan işaretlenmiştir.

Hizmetinizdeyiz,
HOGGS, FROGS, BOGS, & CO.

--Şehri, 21 Haziran 18--

Not: Bu mektubu almanızdan bir gün sonra kasalar yük arabasıyla getirilecektir. Bay Shuttleworthy'e saygılarımızla.
H., F., B., & CO.

Gerçek şu ki, Bay Shuttleworthy'nin vefatından sonra Bay Goodfellow, kendisine söz verilen Chateau-Margaux'ları alma ümidini tamamen yitirmiş, bu yüzden de bu yeni gelişmeyi, Tanrı'nın bir lütfu olarak görmüştü. Oldukça memnun olmuştu ve mutluluğun coşkusuyla, iyi yürekli ihtiyar Bay Shuttleworthy'un hediyesini paylaşmak üzere, ertesi gün kalabalık bir arkadaş grubunu hafif bir atıştırmaya davet etti. Ancak davet ederken "İyi Yürekli İhtiyar Bay Shuttleworthy" hakkında bir şey söylememişti. Bu konuda epey düşünmüş ve herhangi bir şey söylememeye karar vermişti. Yanlış hatırlamıyorsam, Chateau-Margaux'ların kendisine hediye geldiğinden kimseye söz etmemişti. Arkadaşlarına tek söylediği, iki ay önce şehirden sipariş ettiği ve ertesi gün gelecek olan fevkalade kaliteli ve zengin aromalı şaraptan tatmak için ona gelmeleriydi. "İhtiyar Charley"in neden şarabın eski dostundan geldiğini söylemediği sorusu kafamı epey kurcalamıştır ve bu sessizliğinin nedenini hiçbir zaman tam olarak anlayamamışımdır ama kendince yüce ve asil nedenleri vardı şüphesiz.

Sonunda ertesi gün geldi ve oldukça geniş, saygın bir arkadaş grubu Bay Goodfellow'un evinde toplandı. Kasabanın yarısı oradaydı denilebilir —aralarında ben de vardım— ancak ev sahibini üzen bir şekilde, Chateau-Margaux'lar oldukça geç bir saatte bize ulaştı; o zamana kadar misafirler, "İhtiyar Charley"nin cömert akşam yemeğinin hakkından iyice gelmişlerdi. Sonunda devasa bir kasa teslim aldık; bu arada misafirler epey çakırkeyif olmuşlardı ve *nem. con.** kasanın masaya konulup içindekilerin çıkartılmasına karar verildi.

---

* "*Nemine Contradiente*"nin kısaltması: "Hiç itiraz etmeden" anlamında. (Ç.N.)

Karar alınır alınmaz da yerine getirildi. Ben de yardım elimi uzattım ve kasa bir an sonrasında, —bu hengame sırasında kırılmış, azımsanmayacak sayıdaki bardak ve şişenin ortasında— masanın üzerindeydi. Oldukça alkollü ve suratı epey kızarmış olan "İhtiyar Charley" çok ciddi bir edayla masanın başına oturup eline aldığı sürahiyle masaya vurdu ve ahaliyi "hazinenin açılma töreni sırasında sessiz olmaya" davet etti.

Biraz daha gürültüden sonra ortam sessizleşti ve benzeri durumlarda hep yaşandığı üzere, etrafı derin ve ciddi bir sessizlik kapladı. Kapağı açmam istendiğinde, bunu "anlatılmaz bir zevkle" yapacağımı söyledim. Keskiyi yerleştirip çekiçle birkaç ufak vuruş yaptıktan sonra kasanın kapağı aniden fırladı ve aynı anda Bay Shuttleworthy'nin parçalanmış, kanlı ve neredeyse çürümüş yüzü doğrudan ev sahibine dönük şekildeki cesedi ortaya çıktı. Birkaç saniye, çürümekte olan ışıktan yoksun gözleriyle sabit ve üzgün bir şekilde Bay Goodfellow'a baktı ve yavaş ama net, anlaşılır bir sesle "Sensin o kişi!" kelimeleri ağzından döküldü ve tamamen tatmin olmuşçasına sandığın yanından, titreyen kol ve bacaklarıyla masaya yığıldı.

Bunu izleyen sahne tarifin ötesinde. Sert hareketlerle kapı ve pencerelere hücum edildi ve odadaki en sağlam yapılı adamlar bu katıksız dehşet karşısında kendilerinden geçip bayıldılar. Ama ilk ani, tüyleri diken diken eden korku geçtikten sonra, tüm gözler Bay Goodfellow'a çevrildi. Az önce zafer ve şaraptan kıpkırmızı olmuş suratının, nasıl da herhangi bir ölümlü ıstırabının çok daha fazlası bir acıyla bembeyaz kestiğini bin yıl da yaşasam unutamam. Birkaç dakika mermer bir heykel gibi sabit bir şekilde oturdu; sanki gözleri, aşırı derecede boş bakışlarla kendi içine dönmüş, sefil, katil ruhunu incelemeye dalmıştı. Sonunda gözlerinin ifadesi tekrar dış dünyaya yönelmiş gibi göründü, ardından hızla sandalyesinden fırladı ve aniden, kafası ve kolları cesede temas edecek şekilde masaya yığılıp hızlı ve hararetli bir şekilde Bay Pennifeather'ın hapse düşüp idam cezası almasına neden olan hain suçu hakkında ayrıntılı bir itirafta bulundu.

Anlattıkları kısaca şöyleydi: Kurbanını gölet civarına kadar izlemiş, orada tabancasıyla adamın atını vurmuş, tabancanın kabzasıyla da sürücünün işini görmüş; cüzdanı almış, atın öldüğünü düşünerek büyük bir çabayla hayvanı çalılıklara sürüklemiş. Bay Shuttleworthy'nin cesedini kendi hayvanına yükledikten sonra ormanlığın içinde güvenli bir gizleme noktasına götürüp gömmüş.

Yelek, bıçak, cüzdan ve kurşun, bulundukları yere onun tarafından, Bay Pennifeather'dan öç alma gayesiyle konulmuştu. Ayrıca kan lekeli boyunbağı ve gömleğin keşfini de o tertiplemişti.

Bu kan dondurucu anlatının sonuna doğru, adi suçlunun kelimeleri kesik kesik gelmeye başladı, sonunda da anlamsız bir hal aldı. Anlatacakları tükendikten sonra ayağa kalktı, geri geri masadan uzaklaştı ve düşüp öldü.

❃ ❃ ❃

Tam zamanında gelen bu itirafın alınış yöntemleri etkili ama aynı zamanda basitti. Bay Goodfellow'un aşırı canayakınlığı beni tiksindirmiş, daha ilk baştan kuşku duymama neden olmuştu. Bay Pennifeather ona vurduğunda ben de oradaydım ve bir anlık da olsa o sırada yüzünde oluşan fesat ifade, intikam tehdidini —mümkün olursa— sertlikle yerine getireceği konusunda beni ikna etmişti. Bu yüzden, "İhtiyar Charley"in yaptıklarını Rattleborough'nun temiz yürekli vatandaşlarından daha faklı değerlendirmeye hazırdım. Hemen, suçla ilgili tüm kanıtların, dolaylı ya da dolaysız olarak ondan kaynaklandığını fark ettim. Atın gövdesinde bir tane kurşunun girdiği noktada ve bir tane de çıktığı noktada delik olduğunu Rattleboroughlular unuttu ama ben unutmadım. Eğer çıktıktan sonra yine hayvanın bedeninde bulunuyorsa, onu bulan kişi tarafından yerleştirildiği açıkça belliydi. Kanlı gömlek ve boyunbağı da kurşundaki fikri doğruluyordu: İnceleme sonucunda kanın, koyu bordo şaraptan öte bir şey olmadığı anlaşılmıştı. Bunları ve Bay Goodfellow'un son zamanlardaki rahatlığı ve harcamalarını düşününce, yalnız kendime sakladığım, bu yüzden de güçlü denilebilecek bir kuşkuyu değerlendirmeye başladım.

Bu arada, Bay Shuttleworthy'nin cesedini bulmak için bireysel olarak titiz bir araştırma başlattım ve mantıklı nedenlerle, grubu yönlendirdiği bölgelerden mümkün olduğunca farklı yerlerde arama yaptım. Sonuçta, böğürtlen çalıları yüzünden girişi neredeyse görülmez haldeki kuru bir kuyuya rastladım ve kuyunun dibinde aradığım şeyi buldum.

Ayrıca, iki kafadar arasında geçen, Bay Goodfellow'un ev sahibini, yumuşak dille kendisine bir kasa Chateau-Margaux söz verdirtmeyi başardığı konuşmaya kulak misafiri olmuştum. Bu veri üzerine harekete geçtim. Bükülmez bir parça balina kemiği alıp cesedin boğazından içeri soktum, cesedi de, kemikle birlikte ikiye katlamaya özen göstererek eski bir şarap kasasının içine yerleştirdim. Böylece, kapağı çivilerken cesedin üzerine sertçe bastırmak durumunda kalmıştım; elbette buradaki düşüncem, çiviler sökülür sökülmez kapağın fırlayacağı ve cesedin yukarı kalkacağıydı.

Kasayı bu şekilde ayarladıktan sonra önceden anlattığım şekilde işaretledim, numaralandırdım ve ardından Bay Shuttleworthy'nin çalıştığı şarap pazarlamacıları adına bir mektup yazdım. Uşaklarıma, el işaretim üzerine kasayı el arabasıyla Bay Goodfellow'un kapısına getirmeleri için talimat verdim. Cesedin ağzından çıkmasını istediğim kelimeler için karnından konuşma yeteneğime bağlıydım ve kendime güveniyordum; yaratacağı etki içinse adi katilin vicdanına bel bağlamıştım.

Bence açıklanacak başka bir şey kalmadı. Bay Pennifeather hemen serbest bırakıldı, amcasının servetini miras aldı, yaşadığı bu deneyimlerden ders çıkardı, hayatında yeni bir sayfa açtı ve sonrasında mutlu bir hayat sürdü.